朝鮮戦争と日本人
武蔵野と朝鮮人

朝鮮戦争と日本人

武蔵野と朝鮮人

五郎丸聖子
Goroumaru Kiyoko

クレイン

［前扉写真］
中島飛行機武蔵製作所殉職者慰霊碑に隣接する、殉職者氏名碑
（2021年9月撮影／本書183頁参照）

はじめに

私が朝鮮戦争に焦点を当てて戦後の日本を再検討しようと思ったのは二〇一三年だった。そのとき私は日韓会談について学んでいた。その過程で、戦後初めて韓国へ派遣された日本の新聞記者のことを知った。日韓会談が始まる前にもかかわらず一九五一年七月の新聞には韓国へ「特派員」が派遣されたと書かれていた。国交もないのにビザはどうしたのかと不思議に思ったが、すぐに朝鮮戦争の休戦会談を取材するため国連軍の従軍記者として派遣された記者であるとわかった。

このときの私の関心は戦後の日本社会で植民地支配がどのように捉えられていたのかということにあったので、韓国に派遣された日本人記者を通じてそのことにアプローチできないかと考えた。そのような中で偶然にも私は朝鮮戦争への従軍体験を持つ元船員の方に出会った。

その後も少しずつ朝鮮戦争について調べていくと、朝鮮戦争に対する日本社会の人びとの態度がとても多様であることがわかってきた。どのグループにいるか、どの地域に暮らしているかによって朝鮮戦争への関心の向け方が異なることに気づいたのである。

では、朝鮮半島をルーツとした人びとは朝鮮戦争をどのように受け止めていたのだろうか。そのことが知りたくて映画や本、在日朝鮮人の方のエッセイなどを読んだ。すると、それまで「朝鮮特需」で日本の経済は持ち直した」だとか、「一九五〇年に朝鮮動乱が起き五三年に休戦協定が結ばれた」などと言ってわかったつもりになっていた自分の想像力のなさに愕然とした。同時に、そんなふうに想像しないままにいられたことにこそ、何か、戦後の日本を見つめ直すポイントがあるのではないかとも思い始めた。こうして私は、日本社会にとって朝鮮戦争とは何だったのかということについて考え始めていった。

一九五三年七月二七日、板門店で朝鮮戦争の休戦協定が結ばれた。国連軍司令部の代表、朝鮮民主主義人民共和国の人民軍、中華人民共和国の義勇軍が調印した。大韓民国はその場に参加しなかった。現在も、最終的な平和条約には至っていない。そしてこれほど長く終戦に至らずにきた朝鮮戦争は戦後の日本社会では正面から受け止められてこなかった。

日本では朝鮮戦争をめぐる人びとの記憶は間接的で非軍事的な側面に焦点が当てられることが多く、とくに朝鮮戦争と結びつけて語られるのは「特需」についてである。戦後日本の高度経済成長への原動力となったというように。そして裏面で生じていた犠牲への想像力が働くことはなかった。しかし、そもそも日本社会に暮らす人びとは朝鮮戦争において特需の利益を享受しただけだったのだろうか。

日本は敗戦後、連合国の占領下に置かれ、実質的な統治はアメリカによりなされた。そのアメリカの主導する対日方針が懲罰的なものから寛大なものへと大きく転換したのは国際社会の冷戦状況が背景にあったことはよく知られている。本来はアジア太平洋戦争を終結させるための対日平和条約（サンフランシスコ講和条約）は日本とすべての連合国との間で締結されるはずだった。しかし、一九五〇年六月二五日に朝鮮戦争が勃発し、一〇月に中華人民共和国が参戦して冷戦の対立が決定的なものになるとアメリカは東アジアでのこれ以上の共産主義の浸透と拡大を阻止するため、日本の占領政策と講和条約のあり方を変更していった。また朝鮮戦争は在日アメリカ軍の固定化と日本の再軍備への直接的な引き金にもなった。こうして「平和国家」としてスタートした戦後日本のあり方は敗戦からたった五年で形骸化し始める。このようにしてみれば、朝鮮戦争は戦後日本のあり方を規定したと言えるほどの出来事であった。にもかかわらず、なぜ、日本社会では朝鮮戦争は忘れられたかのような扱いをされてきたのだろう。

日本社会における朝鮮戦争の忘却についてはもう一つの側面についても考えたい。日本では朝鮮戦争を一九五〇年に始まって一九五三年に休戦協定が結ばれた戦争というような捉え方が一般的だが、それ以前からすでに朝鮮半島では左派と右派の分断、暴力を伴った対立が生じていた。この対立の要因は植民地解放後の朝鮮半島をどのように形成していくかということへの立場の違いにあったが、それはさらに時間を遡ると「植民地時代における朝鮮社会の分裂・対立」に起因していた[1]。このようにほんの少し遡ってみれば、解放後の朝鮮半島に日本が無関係でないことが見えてくる。だが、朝鮮戦争についてこのようにして振り返る人は日本社会では稀である。また、植民地解放後も日本にとどまった朝鮮人（在日朝鮮人）[2]は日本人にとって身近な存在だったが、彼ら彼女らが日本においてこの戦争に翻弄されたことについても日本社会では広く共有されてはこなかった。帝国であった日本は拡張した領土を敗戦とともに喪失したが、そのとき同時にその領土にまつわる歴史も一方的に捨ててしまったのだろうか。

過去の出来事を知ることはとても大切なことだ。だが、もし、「そうだったのか」というだけで済まされてしまうとしたら、それはとても悲しいことではないか。この数年そのように感じるようになった。「わかった」ようにしてその出来事を通り過ぎていくことは、過去の、現在の、そして未来の誰かを尊重しないことになるのではないかと思うのである。

「大きな歴史」——それは国家とか国際政治といった大きな力学によって紡がれる歴史とも言い換えられる——の中で生きる個人の歴史、いわば「小さな歴史」に私は強く惹かれる。それは私自身も大きな力学に翻弄されながら生きる小さな個人だからであり、またこれまで語り継がれてきた公的な記憶のあり方をときほぐすきっかけがこうした「小さな歴史」との遭遇にあるかもしれないと考えるからだ[3]。

この数年、戦後の日本社会における朝鮮認識について、朝鮮戦争と日本社会との関わりについて考えてきた。その中で「小さな歴史」を紡いできた様々な人に出会った。直接の出会いもあれば記録や本を通じての場合もあった。これらの出会いを通じてこれまで共有されずに忘却されてきた出来事や見ることなく済ませてきた過去を知り、私自身の内にあったこれまでの記憶のあり方は揺さぶられた。

日本社会では朝鮮戦争が忘却されてきたし、その発端に日本による植民地支配が関係してい

[1] 林哲「東アジア冷戦と朝鮮における政治的暴力の起源——解放一年史を中心に」(徐勝編『東アジアの冷戦と国家テロリズム——米日中心の地域秩序の廃絶をめざして』御茶の水書房、二〇〇四年)、一二一頁。

[2] 「朝鮮人」という語は、国籍上の帰属や外国人登録上の「国籍」表示を直接に示すものではない。確かに日本による植民地支配から解放された後、朝鮮半島は二つの国家——大韓民国と朝鮮民主主義人民共和国——に分断された。だが、朝鮮半島を出自とする人びとが「在日」することになった根本的な要因はそれ以前の歴史的文脈にあったことから、朝鮮半島という地域を指示する用語としての「朝鮮」を用いることにした。

[3] こうした個人史と全体史(あるいは政治史)のどちらか一方ではなく両者の関係への着目は、テッサ・モーリス=スズキの研究に示唆を受けたことによる。「国民国家を中心とした「大きな歴史」だけではなく、個人のライフ・ヒストリーに関係した「小さな歴史」をみようと」するのは「相互に影響し合う関係」だからであり、だからこそ「小さな歴史」に焦点を当てた歴史の再検討が重要だと彼女は指摘している(「【特集:朝鮮戦争と日本】ディスカッション」『アジア研究』六一巻二号、アジア政経学会、二〇一五年四月)、三六頁)。

たことはほとんど共有されてこなかった。朝鮮戦争下の朝鮮半島に身を置いた日本人記者や日本人船員の体験を知ったことはこのような戦後のあり方をあらためて見つめ直すきっかけとなった。以下では、こうした人たちの体験の語りや記録あるいはその当時の人たちが織りなした「小さな歴史」の痕跡から知り得た事実を示すとともに、それらを通じて巡らされた私の思考のプロセスも記していこうと思う。第一部では「日本人の見た朝鮮戦争」を検討する。第二部「地域と記憶」では、日常の暮らしの場にある朝鮮の人たちの織りなした歴史の痕跡との遭遇と、その意味について考えてみたい。

朝鮮戦争と日本人　武蔵野と朝鮮人◆目次

第二章　朝鮮戦争と日本人記者
――朝日・読売新聞の記事を通して

第三章　朝鮮戦争と日本社会

II　地域と記憶

■本書で紹介した朝鮮戦争報道や国会での発言等の引用文には、現在から見て不適切な差別用語があるが、その歴史的事実を記す上においてそのままとした。

編集協力　牛島なぐね
制作協力　阪堂博之

Ⅰ 日本人の見た朝鮮戦争

［前扉写真］
浦項から済州島に避難する住民たち［1951年1月］
（写真撮影／三宮克己　写真提供／郡司實）

第一章　朝鮮戦争と日本人船員

——三宮克己さんの体験を通して

左端が三宮克己さん（1951年10月．写真提供／郡司實）

朝鮮戦争のことを何も知らない

朝鮮戦争のリアリティに初めて触れたのは二〇一三年のことだった。そのときになって私は朝鮮戦争について何も知らないことに気がついた。

二〇一三年二月、私は友人に誘われて三宮克己《さんのみやかつみ》さん[1]の朝鮮戦争の従軍体験を聞く会[2]に参加した。三宮さんは民間のＬＳＴ乗組員として朝鮮戦争に関わったと話された。ＬＳＴとは「Landing Ship Tank（戦車揚陸艦）」[3]の略で、戦車と兵員を積んだまま海岸に乗り上げてそれらを揚陸させ敵前に橋頭堡を築くために使用される船のことだ。これに乗り組むということは敵前に上陸した場合、敵に攻撃されて艦と運命をともにするかもしれないということを意味した。

初めてお会いしたそのとき、一九二七年生まれの三宮さんは八五歳になられていた。一九七五年の初当選以降七期の議員人生を送られた元府中市議で、その後もずっと反戦・平和運動に尽力されてきた方だと知った[4]。

そのころ私は朝鮮戦争に関心を持ち始めていた。朝鮮戦争の時期に大韓民国（韓国）へ派遣された日本人記者について調べ始めたことがきっかけだったが、私のそもそもの関心は日本人が植民地支配について戦後どのように考えていたのかということにあった。だからそのような問いを、支配側の日本人にとっては「戦後」、支配された側の朝鮮人にとっては「解放後」に、朝鮮に初めて身を置いた日本人記者たちを通じて検討することができないかと考えた。ところが最初にわかったことは、朝鮮戦争がどのような事態であったのかということを私があまりにも

［1］一般的に論文やそれに準じた文章では敬称は略されるが、彼との関係性をふまえ、このように表現した。

［2］憲法の使い方講座（府中市）主催「三宮克己の朝鮮戦争従軍記〜日本は朝鮮戦争で何をしたか〜」（二〇一三年二月九日、府中市立教育センター）。

［3］主として二七〇〇総トン、船倉に戦車約四〇台積載可能。船倉上部に兵員一六五名を収容できる居住区あり（椛澤陽二「朝鮮戦争と日本人船員　其の一」『海員』全日本海員組合、二〇〇七年八月）、八二頁）。

［4］一九二七年朝鮮生まれ。朝鮮半島の鎮海（チネ）海軍基地で敗戦を迎えた。帰国後、日本兵の復員輸送に従事。一九五〇年に朝鮮戦争が勃発するとLST乗組員として戦争に動員される。結核療養の後、奄美大島で建築塗装の仕事に従事し、社会党に入党する。一九七五年に府中市議に初当選し、以後七期務めた。二〇〇四年から始まったイラク派兵違憲訴訟の原告として朝鮮戦争での体験を証拠として提出している。二〇一七年十一月十一日死去。三宮克己「朝鮮戦争に〝参戦〟させられて」（国連・憲法問題研究会『国連・憲法問題研究会連続講座報告第一二集』一九九八年）、三宮克己「海風気風　語り継ぐ海上労働運動史一二」（『羅針盤』第一九号、羅針盤を発行する会、二〇一六年八月一〇日）を参照。

知らないということだった。

そのような衝撃の最中にたまたま友人の誘いによって朝鮮戦争に関わった方のお話を聞けることになった。偶然とは思えないタイミングであった。

三宮さんの体験記を聞いたあと私は朝鮮戦争への日本人船員の関与の背景や経緯を学び始め[5]、乗船した人びとが朝鮮戦争に関わるなかで何を感じ、どのような態度を示したのか私は知りたいと思うようになっていった。

三宮さんにはその後、私も参加する「むさしの科学と戦争研究会」という東京・武蔵野市で活動する市民グループ主催の会で「朝鮮戦争従軍記〜日本は朝鮮戦争で何をしたか〜」をテーマにお話もしていただいた。二〇一五年二月二八日のことだ。このときの語りをもとに私は二〇一八年以後に三宮さんの朝鮮戦争での体験をまとめた[6]。今回あらためて三宮さんが語ったり書かれたりした記録を読み返してみると、私が出会った二〇一三年以降にはなかった切り口で語られている部分が古い記録の中にあるのに気づいた。

一九四五年八月、朝鮮半島南端の鎮海海軍基地で砲術学校の訓練生だったときに三宮さんは敗戦を迎えた。平壌の西に位置する鎮南浦（チンナンポ）という港町で建設業を営む家の五人兄弟の次男として生まれ育った三宮さんは、一八歳で海軍に志願していたのである。海軍基地での日々について三宮さんは「爆撃もなかったし、ほんとにのどかだったんですよ」と語っている。基地生活はのんびりしていて戦争はどこか遠くのことのように感じていたそうだ[7]。そのため一〇月初めに引揚船で博多に上陸したとき、岸壁から駅まで街じゅうが焼け野原になっているのを見てびっくりしたという[8]。三宮さんはそのときの心情を次のように語った。

軍服を着て岸壁に上がったので、恥ずかしくて顔を上げられなくて、ずっと下向いたまま博多の駅まで歩いて行ったんです。これが本当に私の戦争体験だったんです。あんなに街が全部焼けるなんて、こんなことだったのか戦争は……。

[5] 椛澤陽二「朝鮮戦争と日本人船員　其の一、二、三」(『海員』二〇〇七年八月、九月、一〇月)、石丸安蔵「朝鮮戦争と日本の関わり――忘れ去られた海上輸送」(『戦史研究年報』第十一号、防衛省防衛研究所、二〇〇八年三月)、Tessa Morris-Suzuki, Japan and the Korean War : A Cross-Border Perspective :『アジア研究』六一巻二号、アジア政経学会、二〇一五年四月)。

[6] 五郎丸聖子「朝鮮戦争と日本人船員」(『猫が星見た――歴史旅行』四号、五郎丸個人誌、二〇一八年五月)、五郎丸聖子「朝鮮戦争に「参戦」した日本人――ある船員の語りと記録を通して考える」(『市民の意見』一七六号、市民の意見30の会・東京、二〇一九年一〇月)。

[7] 前掲「海風気風　語り継ぐ海上労働運動史一二」、一二頁。

[8] 以下、引用文はことわりのない限り、「三宮克己　朝鮮戦争従軍記～日本は朝鮮戦争で何をしたか～」(二〇一五年二月二八日、むさしの科学と戦争研究会主催)によるものとする。

三宮さんは佐世保にあった海軍兵の復員を所管する第二復員省で手続きをし、日本兵を運ぶ復員輸送の仕事に就いた。最初に乗船したのは残存していた空母「葛城」であり、南方からの引き揚げ輸送に従事した。二〇〇〇人ほどの引き揚げ者が乗り込むため、操船の他に引き揚げ者の世話や船内雑務のために七〜八〇〇〇人の乗組員がいたという。三宮さんは甲板部に属し雑役のような仕事をした。

その後、日本が拿捕していたイギリス商船を香港まで返還する航海に従事したときに、本格的なセーラーの仕事に就くようになった。返還作業が終わると、「お前たちは手に何の技術もないから今後のために学校に行け」と勧められ、一九四七年七月に海員養成所の別科に入学し乙種二等航海士の免許を取得した[9]。船員は大体二年に一回の休暇があり、三宮さんも一九四九年に休暇に入った。そして次に乗ることになった船がＬＳＴだった。

日本の海上輸送と朝鮮戦争

戦後、船腹（輸送力としての船舶）の確保を迫られた日本政府は連合国軍最高司令官総司令部（以下、ＧＨＱ）に対して船舶の供給要請を行なっている。そして一九四六年一月以降、リバティー型輸送船一〇〇隻、LST一〇〇隻、病院船六隻、小型補助艦船九隻の合計二一五隻の船舶が貸与された[10]。日本政府はそれらを順次改造し、日本人船員を配乗して帰還輸送に使用した。武器、弾薬が撤去されたLSTは帰還輸送に便利なように広い階段や寝床、洗面所、便所などが増設され、二〇〇〇人程度収容可能なものに改造されたのである[11]。貸与船の運営、維持については一九四六年一月一八日の次官会議で、「米国船整備に関する件」[12]として決定され、その運営は「船舶運営会」が行い、関係各省がこれに協力することになった。船舶運営会とはどのような組織だったのだろうか。

敗戦後、日本の海運管理体制は運輸省海運総局と船舶運営会に移管されていた。船舶運営会とは国家総動員法に基づく特殊法人で、海運企業の経営者を中心に構成されたものだ。

アジア太平洋戦争において、日本政府は戦争遂行のため人員と物資の管理、統制を強化した。海運業も例外ではなく、日本の全船舶を国家意思に基づいて輸送と配船ができるように一元的

[9] 前掲「海風気風　語り継ぐ海上労働運動史一二」、一二頁。
[10] 竹前栄治・中村隆英監修『GHQ日本占領史　第五四巻　海上輸送』日本図書センター、一九九八年、八一～八二頁。
[11] 有吉義弥『海運五十年』日本海事新聞社、一九七五年、九二頁。
[12] 引揚援護庁編『引揚援護の記録』引揚援護庁、一九五〇年、七九頁。

に統制された態勢が目指された。そのために日本政府はまず国家総動員法によって船舶の優先使用権を取得し、特殊法人である船舶運営会を設立してその管理運営を担わせたのである[13]。船員は徴用され、従来の雇用関係を継続したまま配乗されて物資動員計画に基づいた物資輸送が行われた。こうして戦時中、船員まで含めた海運管理体制がとられた[14]。

戦時体制のためにつくられた船舶運営会は、本来であれば敗戦とともに解散されるべき性質のものだった。だが戦後、民生維持のための諸物資の配給・輸送統制が続けられたことや海外にいた日本人の帰還輸送（いわゆる引揚げ）があったため存続された。一九四五年九月二日の降伏文書調印後、一〇〇総トン以上の船舶の運航は、連合国軍最高司令官（以下、ＳＣＡＰ）とＧＨＱの管理下に置かれ、一〇月になるとＳＣＡＰはＳＣＡＪＡＰ（Naval Shipping Control Authority for Japanese Merchant Marine：日本商船管理局）を設置する。このＳＣＡＪＡＰで日本商船の配置・運航・修理・造船など海運業全般が管理された[15]。

ＧＨＱはＳＣＡＪＡＰの統制業務を容易にするため、十一月九日、日本政府に対して日本船主、代理店業者、港湾荷役業者などで構成されるＣＭＭＣ（Civil Merchant Marine Committee：商船管理委員会）の設置を命じた。日本政府は既存の船舶運営会にその機能を持たせることを提案し、承認された。この結果、十一月二三日以降、船舶運営会がＣＭＭＣの役割を担うことになった。ＳＣＡＪＡＰの下部機構として海運の国家管理を継続したことは、戦時管理体制の解体を求めていた占領政策に逆行する措置であった。だが複雑な状況に対処するための現実的な方法として継続された[16]。日本が降伏したとき、ＳＣＡＰは商船輸送に多大な利害を持つ日本の多くの機関や団体と折衝しなければならなかった。このため、ＳＣＡＰは一つの指揮系統の確立が賢明だと判断したのである[17]。

ＧＨＱの日本海運への要求は、「占領軍、引き揚げ及び国内経済に必要な船腹の確保」、「商船の運航を円滑に行うための適切な港湾サービスの確保」、「海運産業における過度な経済力集中の排除」、「船舶運航権の民間企業への返還」の四項目であった[18]。同時に、海外にいた約六六〇万人の日本人を速やかに日本に帰還輸送することが要求された。さらに当時は国内の捕虜収容所に約一二〇万人の外国人が残されていた。彼らをそれぞれの国へ送還することも求められ

[13] 寺谷武明『日本海運経営史三　海運業と海軍　太平洋戦争下の日本商船隊』日本経済新聞社、一九八一年、七八〜八〇頁。
[14] 三和良一『占領期の日本海運』日本経済評論社、一九九二年、八〜九頁。
[15] 前掲「朝鮮戦争と日本人船員　其の一」、八四頁。
[16] 同前。前掲『占領期の日本海運』、八八〜八九頁。
[17] 前掲『ＧＨＱ日本占領史　第五四巻　海上輸送』、一六頁。
[18] 同前、五〜七頁。

た[19]。

帰還輸送は一九四六年には五〇九万人が、翌四七年には七四万人が、四八年には三〇万人が完了し、大部分の日本人が帰還したとされた[20]。アメリカ貸与船による帰還輸送は四六年二月から一二月にかけてのみ実施され[21]、その後は連合軍の物資輸送に使用され、不要となった貸与船は順次アメリカへ返還されていった。

ところで、戦後ほぼすべての分野で戦時統制が撤廃されたなかで海運業だけが戦時期と同様に国家管理を続けていることは不自然なことだった。ＧＨＱでも、一九四六年五月になると商船の運航を民間企業に返還する計画が検討された。結局、日本海運の民間還元は一九五〇年四月一日に実施されている。このとき、船舶運営会は名称を商船管理委員会に変更された。これ以前もすでに、船舶運営会は商船管理委員会／ＣＭＭＣと見なされ運輸省の下で存続していたが、正式に商船管理委員会に改組されたのである[22]。日本の商船はそれぞれの船会社に返還されていったがアメリカ貸与船だけは商船管理委員会のもとに残された。

民間還元によって船員たちの雇用はどのように変化したのだろうか。一九四九年一月現在、船舶運営会には三万九〇〇〇人余の移管対象となる船員たちが雇用されていた。このうち三万人弱が船主に移管されることになった[23]。「大方の船員は運営会（船舶運営会：引用者）から出身会社に復帰したのだが、会社に帰れず、そのまま商船管理委員会に残った船員が三千五〜六百人いた」と商船管理委員会に残った明星陸郎は振り返っている。また商船管理委員会に残ったのは高齢の船員が多かったが、若い人も新規採用された。佐世保あたりから船員志望の若い人を乗せてくるLSTもあったという[24]。

一九五〇年四月、日本海運の民間還元は実現した。だが、ドッジ・ライン（一九四九年二月に、GHQによって実施された財政金融引き締め政策）による不況によって他の業種同様に厳しい状況に置かれた。このような状況のなかで、朝鮮戦争は起きた。

一九五〇年六月二五日、朝鮮民主主義人民共和国の軍が北緯三八度線を越えて戦争は始まっ

---

[19] 前掲「朝鮮戦争と日本の関わり」、二四〜二五頁。

[20] 前掲『占領期の日本海運』、九四頁。

[21] 船舶運営会編『調査月報』（船舶運営会、一九五〇年三月）、三四頁。

[22] その商船管理委員会も一九五二年（サンフランシスコ講和条約発効の一ヶ月前）に運輸大臣の命令により解散することになる。だが同委員会の根拠法は戦時海運管理令であり、さらにその根拠法の国家総動員法はすでに一九四六年に廃止されていたのだから、本来はそれ以降存在するはずのないものであった。ところがGHQが日本商船管理局／SCAJAPの活動が続く限り、商船管理委員会／CMMCの存続を必要としたことから、ポツダム勅令／政令によって延長措置を繰り返してその効力を存続させていたのである（前掲『GHQ日本占領史　第五四巻　海上輸送』、一七頁）。

[23] 前掲『占領期の日本海運』、一六一頁。

[24] 明星陸郎「朝鮮戦争と船員⑦」（『船員しんぶん』日本海員組合、一九八五年七月二五日、八面）。

た。同軍は急速に南下し、二八日には韓国の首都ソウルを占領した。韓国軍とその支援をする国連軍（実質的にはほぼアメリカ軍）の支配下にあったのは半島南端のごくわずかなエリアで、そこに何十万人という人びとがなだれこんだ。戦線が北上すると、今度は北半部にも同様の破壊がもたらされた（一〇一頁の図参照）。

朝鮮戦争の勃発によってアメリカ軍は日本にいた占領軍を速やかに朝鮮半島へ輸送する必要に迫られた。だが、その輸送の手段を欠いていた。そのためアメリカ軍は必要とする兵員や物資は、朝鮮半島に最も近い日本から輸送するという方針をとり[25]、日本政府に貸与していたLSTや日本の商船を利用することを決めた[26]。ドッジ・ラインにより疲弊していた日本社会を復活させたのは「朝鮮特需」だったとよく言われるが、その特需とは朝鮮戦争で使用する物資を生産し、戦線に送ったことで莫大な利益を得たことを意味する。これらを輸送したのは主として日本人船員だった。

アメリカから貸与されていたLSTや日本商船、そして日本人船員は、具体的にはアメリカ軍のどのような統制によって朝鮮戦争に関与することになったのだろうか。その管轄はMSTS（Military Sea Transportation Service：軍事海上輸送部隊）が担った。アメリカの海上輸送は陸軍に関わる軍事輸送も含め全て海軍の指揮下に置かれたが、その機関として一九四九年に設立されたのがMSTSである。MSTSは全世界的な船舶運航機関となりロンドン、ニューヨーク、サンフランシスコそして東京に各司令部が設けられた。東京の司令部には、西部太平洋地域を管轄するＭＳＴＳ ＷＥＳＴＰＡＣ（MSTS West Pacific：西部太平洋軍事海上輸送部隊）の司令官代理としてジュンカー大佐が一九五〇年一月に着任した[27]。ジュンカー大佐は、兵員、物資の緊急かつ大量の輸送手段として、「ＭＳＴＳ ＷＥＳＴＰＡＣが保有していた艦船、ＳＣＡＪＡＰ所属の船舶、極東地域に到着した他地域のＭＳＴＳ所属艦船、チャーターした日本商船の四種類の艦船」を選ぶことができた。日本人が乗り組んだＳＣＡＪＡＰの船舶（三九隻のＬＳＴと一二隻の貨物船）は、在日アメリカ海軍部隊としての編成は第九六・三任務群（Task Group 96.3）という呼称を与えられ、そしてその能力限度一杯まで使用された[28]。

何も伝えられず朝鮮半島へ向かった

一九五〇年六月のある日、三宮さんの乗った船はグアム島から自動車のスクラップを積んで

[25] 前掲「朝鮮戦争と日本の関わり」、二七頁。
[26] 同前、二一頁
[27] 同前、二七頁
[28] 同前、二八頁。

横須賀へ向かっていた。小笠原諸島の付近まできたとき、「朝鮮で戦争が始まった。至急荷物を追浜（横須賀市）にあげて横浜ドックに入れ」という無線が入った。大急ぎで追浜に自動車のスクラップを下ろして横浜ドックへ入ると、船を四、五日で兵員輸送用に改造しなければならなかった。五日目になると、アメリカ兵たちがジープでどんどん乗り込んできて、直ちに出発だと言われた。どこに行くのかは言わない。「とにかく走れ」ということで横浜沖までいくと、「朝鮮に向かえ」という連絡が来た。このときのことを三宮さんは次のように話している。

私ども何がなにやらわけがわからないうちに、とにかく朝鮮に向かってはしっていく……浦項（ポハン）っていう釜山のちょっと北の方に向かっていったわけなんです。

船内の緊迫した状況、何も伝えられず言われるままに向かうときの不安な様子が伝わってくる。このとき、三宮さんの乗ったＬＳＴはアメリカ兵約二〇〇人と車を積んで浦項に向かった。商船管理委員会／ＣＭＭＣの理事長だった有吉義弥は、「朝鮮事変の全期間を通じて、ＣＭＭＣのＬＳＴは終始大活躍でした。これはＬＳＴが大型の軍需品の輸送や、僻地海岸の揚陸に適した船型だったこともありますが、日本の船長さんたちが朝鮮沿岸の地形に、米人よりよく精通していて役に立ったから」[29]だと述べている。

この後、三宮さんの乗ったＬＳＴは横浜に戻り、またすぐ釜山へ向かっている。「兵器や弾丸を朝鮮半島に送り込ん」でいるうちに、九月頃になった。三宮さんは釜山にいた[30]。

仁川上陸作戦

九月に入ると朝鮮民主主義人民共和国軍の進撃を巻き返すため、国連軍は、仁川（インチョン）上陸作戦を実施した。八月下旬には上陸作戦の準備が神戸港、佐世保港、横浜港、釜山港で始まっていた[31]。

仁川への上陸作戦は極秘扱いであり、詳しい情報は三宮さんたち日本人船員には入らなかったが、それでも行き先は仁川だろうと想像はしていたという[32]。「当初は、戦争は米・韓軍がやっているので、貨物を運べばいいと思っていた」だけに、「仁川上陸という本格的な戦闘参加に際しては船内では大議論になった」と三宮さんは当時を振り返る。

[29] 前掲『海運五十年』、一〇八～一〇九頁。
[30] 前掲「朝鮮戦争に〝参戦〟させられて」、三～四頁。
[31] 前掲「朝鮮戦争と日本の関わり」、三〇頁。
[32] 前掲「朝鮮戦争に〝参戦〟させられて」、五頁。

私どもの先輩たちはかろうじて生き残った人たちで、二回三回と撃沈されて泳いで助かったような人たちですから、この戦争についてものすごく反対したんですよ。「われわれは戦争が終わってからまだ五年しかたっていないじゃないか。また戦争なのか。おれは船乗りやめるんだ」。

そう言って激怒したという。「だけど朝鮮に行ってやめるって言ったって帰ってこれないじゃないですか」。アジア太平洋戦争で、日本の船員たちは海軍の軍人の倍以上の比率で戦死した。「ほとんど無防備で前線に出されて、日本は大部分の商船を沈められた」[33]。そのような過酷な状況を生き残った船員たちの中に、上記のように激怒する人がいたのは当然のことだろう。

結局、船内では大議論の末に占領軍の命令には逆らえないということになった。釜山から向かった三宮さんたちの部隊は日本から来たアメリカ軍部隊と合流した[34]。アメリカ海軍の資料をもとに朝鮮戦争時の日本の海上輸送の関与を明らかにした石丸安蔵によれば、国連軍の連合艦隊は各国の軍艦と輸送船などが二六〇隻余りの大船団を組み、九月一五日早朝、仁川に集結したという[35]。三宮さんの記録ではこのとき、「連合艦隊が仁川へ向けて激しい艦砲射撃を加え（中略）、まもなく飛行機が飛んできて仁川へ向か」ったという。三宮さんたちは「ずっと沖合に待機していた」[36]。

戦艦がドカーンと大砲を撃つんですよね。ずいぶん沖から撃つんだけど、五里（約二km…引用者）くらい離れていても爆風で服がファッファアッと揺れました。日が暮れるまで待って、やがて突撃命令が出て全速力で岸へ向かって走っているとき、「着いたらどうなるのか。撃ち返してきたらどうなるのか」。米兵たちも船乗りたちもみな押し黙ってじーっと前方を見つめていました。岸では海兵隊が橋頭堡をつくって待っていて、そこからの信号にしたがってドーンと船をつけました。[37]

[33] 前掲「朝鮮戦争に〝参戦〟させられて」、五頁。だが一方で、「危険区域に行き、航海日数が長ければ長いほど収入が倍々に増え（中略）ほとんどの人が喜んで乗って行ったといって良いのではないだろうか」と証言する船員もいる（明星陸郎「朝鮮戦争と船員⑨」『船員しんぶん』一九八五年九月五日、八面）。

[34] 三宮克己「わたしは朝鮮戦争に従軍した②」（『思想運動』活動家集団思想運動、二〇一五年五月一五日、六面）。

[35] アメリカ海軍を始めイギリス、フランス、カナダ、オーストラリア、韓国の艦艇が集まった（前掲「朝鮮戦争と日本の関わり」、三〇頁）。

[36] 前掲「朝鮮戦争に〝参戦〟させられて」、六頁。

[37] 前掲「わたしは朝鮮戦争に従軍した②」

三宮さんの乗ったLSTが「仁川の岸に着くと、火災なども収まっていて、激しい撃ち合いも終わってい」た[38]。だが、「もし反撃があったら、わたしたち船員にも多くの死傷者が出ただろうと三宮さんは振り返っている[39]。

夜が明けて上陸して見ると、近くのトーチカに共和国側の兵士が火炎放射を浴びて真っ黒になって死んでいました。全身真っ黒だけど、唇だけが赤かった。足元には「山岳戦提要」と書かれた冊子が落ちていました。黒い死体と白い冊子にギョッとして、「ああ……、おれは何をしているのか、人殺しの手伝いか」と、それまでは音や間接的なものだったけど、はじめて「人殺しをしてるんだ」と思いました。恐怖心と腹が立つのとで、捨て鉢な気持ちがいっそう高ぶってきました。みなそうだったと思います。だから、二ヶ月にいっぺんくらいの補給で日本に帰ると、みな酒をガバガバ飲んでね。つらい酒でした。

戦争に加担している、「人殺しをしてる」(「人殺し」に加担している：引用者)と実感したときの恐怖心と苛立ち、そして捨て鉢な気持ちが伝わってくる。私はお話を聞きながら、わからないなりに状況が理解できたように感じたことを今もよく覚えている。そのなかで、今、進行中の戦争で「人殺しの手伝い」をしていると思った三宮さんの心境を想像すると私はやりきれない気持ちになった。どうしてエスケープしなかったのだろうか？　それがこのお話を聞いたときの私の率直な感想だった。だが占領下の日本にそのような自由はなかった。

占領軍の方針ではすべてが政令三二五（サンビャクフタジュウゴ）号っていう占領目的に違反にすれば厳罰に処することになってますから、なんでも三二五号で適用するわけですよ。ですからあれを断ればみな沖縄へ連れていかれたんですよ。沖縄の「モンキーハウス」っていう刑務所みたいなところにぶちこまれて、沖縄の基地建設労働者にされて使われていた。うっかりそれも抵抗もできないような状況の中で行われてきた日本人の戦争参加だったわけです。

あくまで拒否すると「占領目的違反」として逮捕され、沖縄に送られ重労働をさせられるというのが、当時の常識みたいなものだったと三宮さんは言う。今ではほとんど知られていないことだ。これはＧＨＱの常套的な脅迫文句だった。フランス文学者の西川祐子は、著書『古都

［38］　前掲「朝鮮戦争に〝参戦〟させられて」、六頁。
［39］　前掲「わたしは朝鮮戦争に従軍した②」。

の占領　生活史からみる京都　一九四五―一九五二』の中で、「「朝鮮戦争反対のビラまいて逮捕された学生さんは米軍の軍事裁判にかかってみんな沖縄送りになった」という話をたびたび耳にしていた」という。だが事実としては沖縄以外の刑務所（『古都の占領』では京都の山科の刑務所のケースがあげられている）の場合もあった。とはいえ、「「みんな沖縄送り」という表現には、占領軍による直接統治が行われている沖縄の刑務所へ送られると生きては帰れないという解釈と恐怖が感じられた」のだろう。同様に、西川は「「軍事占領裁判」または「軍裁」という言い方には、日常をつきぬける恐怖の響きがあった」と述べている[40]。占領下において占領目的違反として裁かれることの恐怖がいかに広く浸透していたかを想像することができる。

　では、逮捕や起訴の主たる根拠は何だったのか。三宮さんがいう政令三二五号がそれであった。正式には「連合国占領軍の占領目的に有害な行為に対する処罰等に関する勅令」（勅令三一一号）が一九四六年に出されており、それが、一九五〇年に改正され「占領目的阻害行為処罰令」（政令三二五号）となったのである。勅令というのは大日本帝国憲法下において議会を通すことなく天皇の命令として制定できる法律のことである。一九四七年に新憲法が施行されるまでは、国内に発布される命令は勅令と称されていたのだ。

　一九四五年九月二〇日に「政府ハ「ポツダム」宣言ノ受諾ニ伴ヒ聯合国最高司令官ノ為ス要求ニ係ル事項ヲ実施スル為特ニ必要アル場合ニ於テハ命令ヲ以テ所要ノ定ヲ為シ及必要ナル罰

則ヲ設ケルコトヲ得」という内容の勅令五四二号が公布、施行された。「緊急ポツダム勅令」とか「ポツダム勅令」と呼ばれるものだ。これに基づいて発せられる連合国、占領軍の命令を「ポツダム命令」と言うが、勅令として発令されるので「ポツダム勅令」とも呼ばれたのである。西川は、これを、国民に対する「マッカーサー＋天皇」両者の二重命令を文字通りに表していたと述べている。「だとすれば、占領軍による天皇制利用をこれ以上によく表す表現はほかにないであろう」とも[41]。全くその通りである。

勅令三一一号、政令三二五号の両令は、朝鮮半島の分断独立が決定的となった一九四八年以降、団体等規正令などとともに治安法として「活用」された。朝鮮戦争勃発後は取締対象を反戦運動や反米的言動にまで拡大していった。「政令違反」といえば政令三二五号違反を指すほどに多くの政治犯を生み出すことになるのである[42]。

[40] 西川祐子『古都の占領　生活史からみる京都　一九四五-一九五二』平凡社、二〇一七年、二八三頁。
[41] 同前、二八四〜二八五頁。
[42] 小野潤子「もうひとつの軍事法廷──「占領目的に有害な行為」で裁かれた政治犯たち」（小野信爾著・宇野田尚哉他編『京大生小野君の占領期獄中日記』京都大学学術出版会、二〇一八年）、二六五〜二六六頁。

アメリカ兵・朝鮮の人びと・日本人

仁川の上陸作戦のあと、これで終わりかなと三宮さんは思ったがこんどは元山（ウォンサン）に向かうことになる。仁川上陸作戦後、国連軍は反攻を開始し、一九五〇年九月二七日、ソウルを奪還した。国連の安全保障理事会では三八度線突破の問題に関する紛糾が続いていたが、国連軍は三八度線を越えて北進することになり、元山上陸作戦の実行が目指された[43]。三宮さんの乗ったＬＳＴは釜山で兵を乗せて元山へ向かった[44]。

そこはすでに機雷を設置しているわけですから、行ったところで上がれないわけなんですよね。機雷を掃海しようとした韓国軍の軍艦、また米軍の軍艦三隻が触雷して爆沈するわけですが、日本の掃海艇もそこで爆沈するわけです。そこで中谷っていう人が、ちょうど食糧倉庫に物を取りに行って降りてるところにあたったために船と一緒に沈んでしまったわけなんです。そういう事件があったので私どもも船団を組んで上陸作戦のためにいったんですけど上がれなくて三日ほど掃海を待って上陸したのですが、そのときはもう伸びきった戦線は全部北に撤収したもんですから、作戦的に何の役にも立たなかったわけです。

元山上陸作戦は一九五〇年一〇月二六日から二七日にかけて行われた[45]。二一隻の輸送艦とともに一五隻のＬＳＴが仁川から第一海兵師団を運んだ。この作戦に先立ち、アメリカ軍が主となり元山港及びその周辺の掃海を実施したが、一二日にはアメリカの軍艦二隻が触雷沈没。そして一七日には海上保安庁のＭＳ一四号が触雷沈没して、死者一名負傷者一八名の被害を出した[46]。上記の三宮さんの証言はそのことを述べている。

その後、国連軍は鴨緑江のほとりまで北進し、作戦は順調に進展するかのように見えたが、「予想しなかった中国軍の参戦にあい、その怒濤の進撃に退却させせられ」ることになった[47]。鎮南浦撤退は、平壌撤退と連動して一九五〇年一二月二日から五日に行われ、ＬＳＴと日本の商

[43] 和田春樹『朝鮮戦争全史』岩波書店、二〇〇二年、一九六頁、二二〇〜二二二頁。
[44] 前掲「朝鮮戦争に〝参戦〟させられて」、六頁。
[45] 椛澤陽二「朝鮮戦争と日本人船員　其の三」(『海員』二〇〇七年一〇月)、八六頁。
[46] 前掲『朝鮮戦争全史』、二四〇頁。
[47] 同前、二五三頁。

船も参加した[48]。元山のあと、三宮さんの乗ったＬＳＴは「また朝鮮海峡を通って、三八度線より北の西海岸の大同江（テドンガン）という川の入り口に」ある「鎮南浦へ（中略）燃料と弾薬を積んで向か」った[49]。

今度は何をするのかなって思ったら、（中略）鎮南浦っていうところに行くわけですけど、そこから北に向かって鴨緑江、朝鮮と中国との国境線に向かってマッカーサーは原爆も落そうかっていうくらいの騒ぎになっていたんです。

鎮南浦は「鴨緑江まで攻撃するための物資の中継基地」だったため、三宮さんの乗ったＬＳＴはそこへ物資を運んだのだ。だが、中国軍の参戦によって国連軍の敗走が始まり撤退を余儀なくされる。

中国軍はもう日本軍とずっと闘ってきた兵隊ですから強いわけですよ、米軍ももうメタメタにやられてくる。（中略）冬服も十分用意してなかったような格好で行って。それで中国軍にもメチャメチャにたたかれて総雪崩をくって逃げるわけです。

三宮さんが乗ったＬＳＴは兵が乗ったアメリカ軍のダック（陸では車輪で走る船の形をした水陸両用のトラック。後ろにスクリューが付いている）が川岸（大同江）から来るのを待機していた。やっと来たので本船へ収容しようとするが川なので流れがあって勝手が違うためなかなかうまくいかず、ようやく収容すると消耗した兵士が上がってきた[50]。

収容して逃げるわけですが、その逃げるときには積み残した物資だとかを焼き払うだけでなくて、街そのものを焼き払うわけですよ。（中略）米軍は私どもの目の前で艦砲射撃で焼き払うわけです。「アイゴーアイゴー」って声がきこえる。そういうところをメチャクチャに大砲で撃ち払って逃げていくわけなんです。

［48］前掲「朝鮮戦争と日本人船員　其の三」、八七頁。Billy C. Mossman 'Ebb and Flow' November 1950 -July 1951 'Center of Military History' U. S. Army, 1990, p.155。
※鎮南浦は現在の朝鮮民主主義人民共和国の南浦。日本の植民地時代に鎮南浦と呼ばれたが一九四七年に改称された。だが一九五〇年時点では三宮さんら日本人船員は鎮南浦と呼んでいた。伊藤亜人ほか監修『朝鮮を知る事典』平凡社、一九八六年、三三〇頁参照。
［49］前掲「朝鮮戦争に〝参戦〟させられて」、八頁。
［50］同前、九頁。

ここには戦争の生々しさが描写されている。逃げ惑う朝鮮半島の人びとがそこにいるにもかかわらず、中国軍が攻めてきたときのことを考えて物資を残さないためにとアメリカ軍は街を焼き払ったのである。このときこの場所には、軍人と一般の人びと、戦争に動員された人びとがいた。「アイゴーアイゴー」と叫ぶ人の声を船内で聞いた日本人がいた。「大きな歴史」の動きの中で、「小さな歴史」を紡ぐ一人ひとりの異なる立場の人たちがここにいたということだ。

三宮さんは鎮南浦で収容した部隊を仁川に上陸させたあと、玄界灘を通って北へ向かい興南（フンナム）に到着する。そこで包囲されている部隊の救出に従事した。興南からの撤退には一二五隻以上の船が用意された。一二月十一日に撤退命令が発令され二四日に撤退が完了した。日本人が乗り組んだＬＳＴは一〇隻参加したといわれる[51]。沖合に着くと港へは入れなかったため適当な岸へ上陸する。その時点では興南の街はいたる所で火災が起きていた[52]。

米軍と韓国軍二個師団が完全に包囲されて逃げ道がないってことで、そこを助けにいったわけなんですけども、ほんと袋の鼠になっていました。戦死者が棒のように凍っている。（中略）それでもやはり向こう（アメリカ：引用者）は人間を大切にする。戦死者も一体一体収容するんですよね。私どもの船には積まなかったんですけども、別の船には薪を積んだようにカンカンに凍った死体をデッキの上まで積んでロープかけて日本に運んで帰ったんです。

この証言はとても興味深く、強く印象に残っている。自国の兵の命を大切にしなかった日本軍については数々の証言や記録で明らかになっている。それに比べると少なくともアメリカは自国の兵を大切にしていると三宮さんの目には映ったのだ。「向こうは人間を大切にする」という言い方には実感がこもっていた。

そこにいったらみんな米兵たち完全に取り囲まれて寒さで震えながら、手はもうニワトリの脚みたいにひびだらけで痩せこけて、ただ「寒い寒い」ってウロウロしていた。

夜中にバタバタする音が聞こえて三宮さんたちが見に行ってみると、

そのアメリカの敗残兵たちが、炊事場にもぐりこんで残飯をあさってるんですよ。食べ

［51］ 前掲「朝鮮戦争と日本人船員　其の三」、八七頁。
［52］ 前掲「朝鮮戦争に〝参戦〟させられて」、九頁。

かすではなくて、調理して残ったものだとか、そういう食糧を手づかみで食ってるんですよ。そういうときだけ、こちらは敗戦国民のしっぺ返しっていいますか、腰に手をあてて「こらー」っていうと、びくっとポケットから金出して「これで勘弁してくれ」っていうわけなんですね。金なんていらないわけだけど、どなりつけたり。

晩飯を食おうと思うとデッキの床にすわってじーっとこっちをみるという、そういう状態なんかも経験しました。それで私なんか面白半分に梅干しなんかやると果物かなんかだと思って喜んで口に入れてびっくりしたりするんです。それを笑ったりとか、そういう意地の悪いことも敗戦国民として「やってやれ」と思ってやったりしました。

前の戦争からほどなくして新しい戦争にかつての敵国とともに関わる。そうしたなかでのリアルな場面。そうそう割り切れるものではないということは想像に難くない。

朝鮮戦争勃発以来、朝鮮半島の南下北上を四回もまるでローラーをかけたように戦線は移動した。そのため、南北ともに街や人びとには甚大な被害が生じた。その間、三宮さんは基本的には船上にいて陸上のことは詳しくはわからないと言ったが、それでも港付近には避難民がいっぱいいいて、北から南への避難民が船に乗せてくれ、隠れさせてくれと頼んできたこともあったという。だが、事故をおそれて断ったそうだ[53]。

またあるときは、現地の青年を残しておくと敵の戦力になるからと、韓国軍や警察が三宮さんの乗った船に彼らを送り込んできたことがあった[54]。撤退するため岸でＬＳＴの前の扉を開けて待っていると、

韓国の警察隊や軍隊が、残ってる青年を、みんな取り囲んで私どもの船に追い込んできたことがあるんです。北側でも同じことをやったらしいんですけど。兵隊がみな、船にそういう人たちを追い込んでくる。追い込まれた人は、デッキを駆け回って家族の姿を探して呼びかける、家族たちも海岸に来て名前を呼ぶ、そういうことで阿鼻叫喚の中で拉致をしていくというか、そういう人たちを船に追い込んで済州島の方へ連れて行ったんです。そこで韓国軍に仕立てて送り返してくるわけなんです。

こうした徴兵輸送については、やはりＬＳＴ乗組員だった篠原国雄によれば、「ＣＭＭＣ所属

[53] 三宮克己「わたしは朝鮮戦争に従軍した③」(『思想運動』二〇一五年六月一日、四面)。
[54] 同前。

の多くの船員がその経験を語っ」たという[55]。船内に追い込まれた朝鮮人の青年は「船倉の中に押し込」まれ、「食糧もないまま、一〇時間かけて済州島まで運」ばれた。「私たちにできたのは米軍のインスタントコーヒーを入れてあげて、彼らに飲ませるだけでした。本当にかわいそうでした」と三宮さんは語った[56]。

また、避難民となった日本の女性が、LSTに日本人乗組員がいることを知って会いに来たこともあった。「韓国人と日本で結婚して韓国に一緒に帰った日本人の奥さん」と群山（クンサン）で会ったときのことは、「今もこのことを話すのは胸が痛い」と三宮さんは言った。

群山に行ったときに、歩哨に立っている朝鮮の兵隊が走ってきて、「今、日本人の奥さんがあそこで会いたいって言ってきたよ。どうしますか?」っていうから、私ちょうど仕事の最中だったものですから、「ああ、後で行くって言っておいてくれ」なんて簡単に言っとったんですよ。

そのまま忘れてまだ仕事続けてたら、またその兵隊が走ってきて怒ってきたんですね。「あなたはなぜ来なかったんだ。いま日本人の奥さん泣きながら帰ったよ」と。はっと気が付いたんですよ、「ああ」と。船の中に行けば食糧もあるし毛布もあるから何でもやることができたのに……。日本人が来てるってことでその奥さんは何かを頼みに来たんじゃないのかなあ、あるいは（中略）日本にいる人たちに伝言があったんじゃないのかなって。なぜ行ってやらなかったんだろうかな。無事なのかなって考えたときにやっぱり心が痛みました。なぜ行ってやらなかったんだろうかと。

もう一つ、半島北部での青年とのやり取りも忘れられない出来事として三宮さんは語っている。

北へ行ったときも、青年が「南へ逃してくれ」「船で逃がさせてくれ」って来るんですけど、もし乗せたら、後でいろいろトラブルのもとになるというのがあるから、そういうのは厳しく断ってきたんですよね。「あんたの国じゃないか」「あんたの国の戦争じゃないか」って言ったんですよ。「あんたがたが逃げたらどうするんだ」って言って、冷たく追い返したりしてきました。

〔55〕篠原国雄「船員の朝鮮戦争と新ガイドライン」（『飛礫』編集委員会編『飛礫』一八号、つぶて書房、一九九八年三月）、一二三頁。

〔56〕前掲「朝鮮戦争に〝参戦〟させられて」、十一頁。

ここで語られている二つのエピソードはともに「国」が関わっている。同じ国の、つまり日本人が助けを求めてきたのに、どうして助けないのか、どうして会うこともしないのか、と「朝鮮の兵隊」が三宮さんを責めている。また、朝鮮半島北部で会った青年には三宮さんが「あんたの国じゃないか」と言っている。アメリカと水面下で交わされた理不尽な取り決めで日本「国」によって戦争に加担させられた三宮さんが、青年に「国」を背負わせていた。国家の決定によって理不尽な状況に置かれながらも、人びとはやはり国家という枠に強く規定されてしまうのだと私はこのとき感じた。

朝鮮戦争で復興する日本

戦争は激しさを増していった。朝鮮半島南部に追い詰められたアメリカ軍と韓国軍と避難した人びとで釜山の街はあふれかえっていた。岸壁付近は戦車、トラック、積み上げられた貨物がびっしり、荷揚げ人夫、移動する兵士たちでゴッタ返していた。このような状況のなかで、三宮さんは次のように言われた言葉が耳に残っているという。

日本の軍需産業はどんどん復活していく。ですからその辺で、韓国の現場で働いている人たちは自分たちが応援してもらっているというよりは、もう腹立たしくなるわけですよね。自分たちが逃げ惑っているときに、日本からどんどんそういうの（トラック、携帯食料など様々な物資：引用者）を送ってくるというので。

ですからインテリなんかこういってましたよ。「日本は戦争さまさまですね。このおかげで日本はたちまち復興ですね」って言って、もうありがたいっていうことよりは、なんだおまえたちは、というようなやっかみっていうか、戦争さまさまじゃないかと。

一方で、日本にもどったときには、今度は日本の人びとの朝鮮戦争への率直な反応を知る。

佐世保の方では、あれだけ焼け野原になっていても、こういうことを言うんですね。「やっぱり戦争があった方がいいな。こんなに景気がいいじゃないか」って。もう佐世保の街なんか沸き返るような景気なんですよ。焼け野原にバラックがばんばん建って、呑み屋ができて、ダンスホールができて、米兵たちがそこで朝鮮に行く前にあり金全部使っていくというもんですからね、ものすごい景気なんですよ。

九州の小倉、門司、佐世保などの戦災都市にはバラックやスーベニヤショップ（みやげ物店）が出現していた。トラックやアメリカ軍・韓国軍用の食料などの物資はすべて日本から運ばれた[57]。日本は兵站基地として、総力を挙げてのピストン輸送でアメリカ軍、韓国軍を支えたのだ。そして日本の軍需産業はみるみる復活していった。その中で、日本と朝鮮半島とを行き来する三宮さんは、両者の朝鮮戦争に対する認識への温度差を痛感した。さらに佐世保に降り立ったときの三宮さんにはもう一つ別の感情もあった。

> 戦争なんかに行くと、精神的に堕落します。どこかに戦争でもうかっているという罪悪感がありますから。朝鮮へ行くと危険手当も含めて二万円位（現在の価値でおよそ七二万円：引用者）もらえました。大金です。（中略）朝鮮帰りの船乗りで、酒場はどこもいっぱいでした。戦争で得た金だという後ろめたさもあるから、皆浴びるように酒を飲んでいました。[58]

佐世保に着くと、酒を浴びるように飲んだ、ということについては二〇一五年のときにも私は聞いている。だが、朝鮮戦争に自身が関わっていて、そこから収入を得ていることへの罪悪感を九〇年代の後半に語っていたことは今回初めて気がついた。

さらに、「戦争なんかに行くと、精神的に堕落」することとつながる部分として、朝鮮戦争に関わった船員たちの現実が伝わる描写が続いていた。

無理なスケジュールで徹夜作業が続きますから、ちょっとしたことでも仲間同士で声をあらげたりする。こういうのはカネでかえられない問題だと思います。また疲れてますから事故も多発しました。（中略）

あと、多かったのは結核です。各船全てにはやって、結核で下船すると、他の人も結核、交替の人も結核という状態。一緒に乗っていた仲間は、かなりが結核で死んでいます。[59]

三宮さん自身ものちに結核に罹患していたことがわかる。それは解雇通知を受けた後のことだった。一九五一年一〇月二三日、三宮さんは商船管理委員会／ＣＭＭＣから「休暇下船」の通知を受けた。船員は二年ごとに一ヶ月の休暇が出るのだが、その休暇が終わるころに再度、

[57] 三宮克己「わたしは朝鮮戦争に従軍した①」（『思想運動』二〇一五年五月一日、四面）。
[58] 前掲「朝鮮戦争に〝参戦〟させられて」、十一～一二頁。
[59] 同前、一二頁。

商船管理委員会から解雇通知が届いた。そのときの様子を三宮さんは、ミニコミ誌『府中萬歩記』での連載「憲法九条が無視された時　一船乗りの朝鮮戦争体験」で書いている[60]。

「高齢に付き解職」と解雇通知が来た。（中略）「セーラーで二七才が高齢か」と神戸の組合本部まで抗議に上ったが、誰からも相手にされなかった。

暇が出来たので健康診断でもしようと保健所に行くと、（中略）医師から「結核感染」と言われた。[61]

このとき特に異状を感じていなかった三宮さんはすぐに治ると思ったが医師から完治までには二、三年かかると言われ驚き入院したという。その後、航海士への早期復帰のために内科医の止めるのを振り切って外科手術を受ける。その結果、右肋骨七本を切り肺機能を失ったこの手術を三宮さんはのちに失敗だったと振り返っている。術後、二九歳で社会復帰したが、航海士はもとより、陸での労働経験のない三宮さんは仕事がなかなか見つからず、「同じ年頃の青年が颯爽と働いている姿がうらやましく、敗北感にさいなまれて生甲斐を失ってしまった」。

その後、台風で避難したことのあった奄美大島へ鹿児島からふらりと船で渡った。数日は旅館の窓から海を眺めていたが、お金も無くなってきた。そこで、船でおぼえたペンキ塗りでもしようと、体力にも自信がないなか、「半ばヤケクソ」で近くの建設現場を訪ねる。こうして復帰[62]まもない奄美大島で三宮さんはペンキ塗り職人として生計を立てることになる[63]。

「山吹の花」――植民地支配のその後

まだ戦争が始まって間もない一九五〇年七月ごろに三宮さんが朝鮮半島で体験されたエピソードに次のようなものがある。

私たちは後片付けをして、近くの小山に群生していた黄色い花を見つけ、何だろうかと

[60] 三宮克己「憲法九条が無視された時　一船乗りの朝鮮戦争体験」(『府中萬歩記』府中萬歩記編集委員会)。連載は四回続き、同誌三六号(二〇一七年二月二八日)、三七号(二〇一七年三月三〇日)、三八号(二〇一七年四月二七日)、三九号(二〇一七年五月二五日)に掲載された。

[61] 三宮克己「憲法九条が無視された時　一船乗りの朝鮮戦争体験④」(『府中萬歩記』第三九号)、二一頁。

[62] 奄美群島は一九四六年二月に鹿児島県から行政分離され、アメリカ軍政府下に置かれ、一九五三年一二月二五日に日本へ復帰した。

[63] 前掲「憲法九条が無視された時　一船乗りの朝鮮戦争体験④」、二一頁。

ワイワイ話し合っているといかにも教師らしい四五、六歳の朝鮮の男の人が日本語で「七重八重ですよ」と言って通り過ぎました。皆は一瞬何のことだか分からず呆然としてしまいましたが、ハッと気づいたわたしは大声で後姿に「山吹ですか」と礼を言いました。昔聞いた太田道灌の「七重八重花は咲けども山吹の実のひとつだになきぞ悲しき」の歌だと気づいたのです。朝鮮は日本の植民地時代は日本語を強制され、学校では日本語でした。歴史を学ぶのも韓国人には当然韓国の歴史があるのになぜ、海のむこうの日本の歴史を教えたのか、太田道灌を覚えさせたのか。道灌の話を知らなかったわたしたちが、恥ずかしかったのです。[64]

これは、機関紙『思想運動』に「わたしは朝鮮戦争に従軍した」というタイトルで二〇一五年五月から六月に四回にわたって連載された三宮さんの体験談からの引用である。三宮さんに初めてお会いした二〇一三年にも私は同じ話を聞いていた。そのときからこのエピソードのことがとても気になっていたので、三宮さんの連載終了後に同紙面に私は次のような感想を送った。

（前略）今回の連載から読み取らなくてはならないと感じたことは、「植民地支配のその後」

の問題を六〇年前（六五年前の間違い：引用者）の日本人はどのように受けとめていたのか？　ということである。連載の中で、山吹の花を介して朝鮮の人が「日本人」よりも日本の文化に親しんでいたことを目の当たりにする場面があった。このとき三宮さんはどのようなお気持ちだったのだろうか。植民地支配とはその後にどのようなことを残すのか。三宮さんのお話ししてくださった具体的なエピソードから、読み取り、あるいは率直にうかがうことで、少しでも理解していくことが課題だと受け止めた。[65]

これに対して三宮さんは即座にお手紙で答えてくださった。日本人なら当然この古事について知っているだろうと通り過ぎざまに話しかけられたのに、自分を含めてそこにいた日本人は応答できなかった。「植民地時代朝鮮人に日本語を強制し、朝鮮の歴史ではなく日本の歴史を強制してきたため、解放まもない現地では綺麗な日本語をしゃべり、日本の古事を知っていたのです。日本の文化をうらみこそすれ親しんではいないのです。私たちがアメリカの歴史を教えられ英語を強制されたらどうでしょうか」。そのような含意でこのエピソードを話したのだ

［64］　前掲「わたしは朝鮮戦争に従軍した①」。
［65］　五郎丸聖子「三宮連載から何を読み取るか」（『思想運動』二〇一五年八月一日・一五日号、九面）。

と手紙で伝えてくれた。だがそのお返事でも私が聞きたかったこととはまだ距離があるのを感じた。では、私は一体何を知りたかったのか。自問自答が続いた。

一九五〇年当時の率直な思いと、その後に当時を振り返って語られている思いに違いがあるのか、それともないのか。そういうことを聞いてみたかったのだと思う。つまり、日本人にとっては敗戦後まもないこの時期、植民地でなくなったばかりの朝鮮半島とそこで暮らす人びとに対して、連載での語りや手紙のように三宮さんは気持ちを整理しておられたのだろうか、そのような疑問を私は抱いていたのだ。いつかあらためてお聞きしようと思っていたのだが、逡巡している間に三宮さんは二〇一七年に亡くなられ、それはかなわなかった。どうしてもっと早くお聞きしなかったのか。だがどのように聞いたらいいのか躊躇があったのも確かだった。

この連載とは別に、先ほど触れた『府中萬歩記』にも「山吹」のことが書かれている。ここでは「日本人が「太田道灌と山吹」の話を知らなかったら馬鹿にされ、恥ずかしいと思ったから」[66]と表現されていて、より率直に当時の思いを語られているように感じた。

いずれにしても、植民地支配という実態があって、支配側と支配された側の人が、教育で得た知識を媒介にして敗戦後、解放後に出会った。お互いに思いを含みつつのやり取りがあった。それが少なくとも支配側にあった三宮さんの心に残っていて、後年に私に伝えられた。

植民地支配というものへの認識は支配した側の人の中で変化することがあるのだろうか。

もっと率直に言えば、支配されていた側の人にとってそれが辛いものだということ――「支配」ということの暴力性とも言い換えられるだろう――に支配した側の人はどのようにして気づくのだろうか。そしてその気づきを自身でどのように受け止めるのだろうか。私にはこのような問いがずっとあるのだが、支配した側の人にそのような気づきがあったとしてもそれはその人の内面で生じることであるから、その人が語らない限り明確にはわからない。私は三宮さんに直接聞くことができなかったので、三宮さんの心情は今も明確にはわからない。

だが、一九五〇年当時のことを繰り返し語り、その心情を伝えようとした三宮さんの態度を見たとき「植民地支配というものへの認識」の変化のプロセス（自問自答）があったのではないかと私は推測した。このような推測は私の逡巡と重なってなされたものだと思う。つまり先ほど述べた「「支配」ということの暴力性に支配した側の人はどのようにして気づくのか」という問いが私のうちにずっとあったからこそ、三宮さんの記憶の語りをそのような問いに引きつけて三宮さんの心情を推測したのである。

このように思い返してみると、推測ではなく正面から三宮さんとやり取りをするべきだった

［66］　三宮克己「憲法九条が無視された時　一船乗りの朝鮮戦争体験①」（『府中萬歩記』第三六号）、四〜五頁。

とあらためて思う。それができるチャンスはあったのに私は躊躇したのだ。なぜ躊躇したのか、この新たな問いを私はこの五年ほどずっと考えてきた。なかなかその答えは明確な言葉にならずにいたが、私は結果として三宮さんを追及することになることを想像し、自分にそのような資格があるのかと逡巡していたのだと思いあたった。他人に問えるほど自分自身に問えているのかと。けれども、そもそも十分に問えたといつか思えるようなことではないのではないかと今は思い始めている。だから、ナイーブな状態でこそ、私は三宮さんに問いをぶつけてみるべきだった。結局は私自身が自分を見つめるのを避けていたのだった。三宮さんへの追及とは自分への追及とつながっていたのである。

犠牲者――ＬＲ船員死亡事件の隠蔽

一体どれくらいの人が朝鮮戦争において海上輸送とそれに伴う作業に関わったのか確認しておきたい。商船管理委員会は一九五二年三月の段階で、船員約二〇〇〇人を抱えていた[67]。ＬＳＴ一隻に対して乗組員が約五二~五三人[68]で、ＬＳＴを三九隻保有していたことから推測すると妥当な数字だが、他に六隻の船舶を保有していたことを考えると実際にはさらに数百人程度上回るのではないかと石丸安蔵は分析する[69]。次に海上トラックと言われた機帆《きはん》船の船員は約一三〇〇人。一九五〇年一〇月ごろに仁川に派遣された港湾労働者が約一〇〇〇人。それからLR船員は三〇〇〇人程度いたと推定される[70]。LR船員のLRとはLabor Requiredの略で、連合軍が役務調達要求をすると日本の特別調達庁がその労働力を調達し提供した。このように海上輸送は商船管理委員会所属のLST乗組員や日本の商船船員だけでなく、機帆船の船員や港湾労働者、それからLR船員らによって担われていたのであった。さらに、掃海作業にあたった海上保安庁の日本特別掃海隊の隊員が約一二〇〇人だったというのだから、朝鮮戦争の海上輸送とそれに伴う作業に関わった日本人ということで言えば約八〇〇〇人もの人が関わったということになる[71]。

では、こうした活動の中でどれくらいの人びとに犠牲が生じたのだろうか。特別調達庁が実

[67] 前掲『海運五十年』、一〇九頁。一九五二年三月とは商船管理委員会が解散したときだが、朝鮮戦争勃発当時は三三〇〇人あるいは四六〇〇人いたと言われている(「朝鮮戦争と船員⑨」『船員しんぶん』一九八五年九月五日、八面)。
[68] 明星陸郎「朝鮮戦争と船員⑩」『船員しんぶん』一九八五年九月二五日、八面)。
[69] 前掲「朝鮮戦争と日本の関わり」、三五頁。
[70] 明星陸郎「朝鮮戦争と船員⑧」(『船員しんぶん』一九八五年八月二五日、八面)。
[71] 前掲「朝鮮戦争と日本の関わり」、三四〜三五頁。

施した集計によれば、特殊港湾荷役者の業務上死亡が一名、業務上疾病が七九名、その他二一名（うち死亡者三名含む）となっており、計一〇一名。特殊船員の業務上死亡が二二名、業務上疾病が二〇名、私傷死が四名、私傷病が二〇八名、で計二五四名。その他朝鮮海域等において特殊輸送業務に従事中死亡した人が二六名（港湾荷役が四名、船員が二二名）となっている[72]。これは朝鮮戦争勃発から半年後の調査の結果である。半年で五六名の日本人が亡くなっていた。

これらの死亡者の内にはアメリカ人船長他ＬＲ船員二七名が乗り組んだＬＴ（大型曳船）六三六号が、一九五〇年十一月一五日に元山沖を航行中に触雷沈没したことによる日本人船員二二名の死亡も含まれている。当時の神奈川県職員は「本件は公表は禁止されている」との伝達を受け、「死亡の旨は明記できず行方不明とすること」とアメリカ軍から事実の隠蔽を迫られたことを後に明らかにした[73]。このことについては三宮さんも次のように振り返っている。

講和条約締結後に初めて、元山で死んだということが発表されました。それまでは、どこで死んだかずっと発表されなかった。だからなぜ彼らが三八度線の北で死んだのかという疑問が当然起こるわけですが、発表されませんでした。二二人の人たちは、死んだとはされず「行方不明」とされました。米軍は自分たちの指示によって死んだということは発表させなかったんです。（中略）

内部的に、死んだことを家族に伝えるのに大変な苦労をしたようです。葬式も出せないので、遺骨もないから遺骨箱を並べて「葬儀」の写真を撮り、その写真を遺族に配ったといいます。大変もめたらしい。表面的には、行方不明ということになっているのですから。[74]

なぜ、実際に参加させられて亡くなった船員が「行方不明」と偽られなくてはならなかったのか。これは、三宮さんが、日本人船員の朝鮮戦争への関与という事実について語ってこられたなかで、非常に重要なことの一つとして訴えておられた。さらに三宮さんは言った。

よく、「日本は戦後ひとりも殺していない、殺されていない」と言うけれど、実は平和憲法の下で死者を出しているということを知っておかないといけない。[75]

国家は個人の意思を尊重することなく戦争に関与させ、そしてそのことをなかったことのよ

[72] 占領軍調達史編さん委員会編『占領軍調達史――占領軍調達の基調』調達庁、一九五六年、五七六頁。
[73] 横浜市編『横浜の空襲と戦災五――接収・復興編』有隣堂、一九七七年、六〇～六一頁。
[74] 三宮克己「わたしは朝鮮戦争に従軍した　最終回」(『思想運動』二〇一五年六月一五日、五面)。
[75] 同前。

うに隠蔽してきた。三宮さんが、私たちに何としても伝えたかったのはこのような理不尽なことが起きたことを忘れてはならないということだったのではないだろうか。

ここまでＬＳＴに乗り組んだ元船員の三宮克己さんの語りや記録を通して、船員たちがいかなる経緯で朝鮮戦争に関わることになり、そのなかで何を感じ、どのような態度を示してきたかを見てきた。あらためて振り返っておこう。

海運業界においては戦前の総動員体制が戦後においても連続していた。ＧＨＱが日本の海運業の統制を容易にするため日本側の窓口の一本化を求め、その窓口として日本側が船舶運営会の活用を提案し、ＧＨＱがそれを承諾した。こうして廃止されたはずの国家総動員法を根拠に設立された船舶運営会はその後も延命され、戦前と戦後の明確な断絶の機会は失われた。このような状況のもとでアメリカは朝鮮戦争への関与を日本の民間人、民間船に求めた。

日本の海運業界にいた船員たちは、日本国憲法が公布・施行され、戦力不保持を実践し始めた矢先の一九五〇年に朝鮮戦争への参加を強いられた。いみじくも三宮さんがミニコミ誌『府中萬歩記』の連載でタイトルにしたように「憲法九条が無視され」ていたといえるだろう。実態としては無視していたのに、表向きはそれを認めることはできない。結果としてそのしわ寄せは個人に押し付けられることになった。当時はその理不尽さに気づいていながらも多くの船員は戦争参加を拒否できなかった。反戦運動や反米的言動を取り締まる勅令三一一号・政令三二五号という治安法への恐怖心が広く浸透していたからである。

また、三宮さんの語りからは朝鮮半島での人びととの交わりの中での思いや葛藤も知ることになった。植民地支配というものが支配される側の人びとにどれほど甚大な抑圧を与えるかということと同時に、その重大性に気づいた場合には支配した側にいた人びとにとっても長く葛藤を引きずるものなのだと。こうした葛藤の要因は多分にその人自身（の過去）に起因することからその内面が表出されることは少ないが、こうした葛藤の軌跡は今を生きる私たちにとっても大切な存在となる。植民地支配がもたらす問題というのは今も決して消えていないし、そのこと自体に向き合えずにいる日本社会に生きる個人としてはなおさらそのように思わずにはいられない。

ときに国家は不都合な出来事の隠蔽に躍起になる。なかったことにしていれば、そのうち人びとは忘却すると考えるのだろう。だが絶対に忘れてはならないと伝え残すことを願うのも人びとだ。耳をすませば、目を凝らせば、「小さな歴史」の声や痕跡は実はいたるところにある。だが、それらに気づくことは容易なことではないのかもしれない。それでもそこに気づけたのなら、まずは受容し、そして自分の中にその気づきを置き続けることこそが大事なことなのではないかと、三宮さんの語りと記録とのやり取りを通じて思い至った。「小さな歴史」の声や痕跡から自分が何を感じたのか、何を思ったのか、そのような自問自答とともに過去の体験や過去の出来事を捉えていくこと、こうした迂遠ともいえるプロセスが理不尽なことを繰り返さないためには大切なことなのではないだろうか。

第二章　朝鮮戦争と日本人記者

――朝日・読売新聞の記事を通して

板門店の休戦会議場にて
(『体験者に聞く　テーマ別戦後新聞史第2号』日本新聞協会、1998年より)

戦後の日本社会で朝鮮への植民地支配はどのように捉えられていたのか、日韓会談への日本社会の人びとの態度を通じてそのことが明らかにできないかと考えた私は、二〇一二年に入学した大学院で日韓会談のことを調べ始めた。日本の新聞でどのように日韓関係が報じられたかを検討していた二〇一三年に、本書の「はじめに」で触れたように朝鮮戦争の休戦会談への取材を契機に戦後初めて、朝鮮半島に入った日本人記者たちの存在を知った。本章では、その報道内容を通して、日本人記者たちが「解放後」の朝鮮半島で日韓関係やその地についてどのように感じ何を思ったのか考えてみたい。

繰り返すと、一九五〇年六月二五日、朝鮮民主主義人民共和国の軍が北緯三八度線を越えて戦争は始まった。同軍は急速に南下し、二八日にはソウルを占領、二ヶ月もしないで釜山付近までに達した。九月に南からの反撃が始まるまでの間、大韓民国（韓国）と韓国を支援する国連軍（実質的にはほぼアメリカ軍）の支配下にあったのは朝鮮半島の最南端のごくわずかなエリアであり、そこに何十万という人びとがなだれこんだ。多くの人が傷つき、家族と離ればなれになっていた。そして、戦いの流れが逆転して国連軍が北上すると、北半部にも同様の破壊がもたらされた。一〇月末になると中国軍が本格的に介入する。戦局は再度逆転し、一九五一年六月以降、三八度線付近で戦線は膠着状態となる。ソ連の国連代表ヤコブ・マリクが六月二三日に国連の演説で、交戦諸国に休戦のための討議を始めるように提唱したことをきっかけに、休戦会談が七月一〇日に開城（ケソン）で開かれることになった。

朝日新聞は七月一〇日、GHQ渉外局、同民間情報教育局および国連軍司令部の計画によって、朝鮮の休戦会談についての現地からの報道が日本人新聞記者に許されることになったと伝えた[1]。

日本のメディアから特派員が正式に韓国へ派遣されたのは一九六〇年からである[2]。韓国では一九六〇年の四・一九革命で李承晩《イスンマン》政権が崩壊し[3]、当時外務部長官であった許政《ホジョン》がその権限を引き継いだ。同年の五月三日、許政は「日韓関係の正常化は最も重要な外交課題の懸案

［1］『朝日新聞』一九五一年七月一〇日（一面）。
［2］『朝日新聞』一九六〇年五月一七日（十一面）。
［3］韓国では一九六〇年三月に行われた第四代大統領選挙における大規模な不正に対する学生や市民による抗議デモが続き、四月一九日の大規模なデモにより第四代韓国大統領の座にあった李承晩は辞任に追い込まれた。

であり、政府は両国の理解の増進の一助となるよう若干名の日本の新聞記者の入国を許可する」旨の声明を発表した[4]。こうして日本人記者一五人の韓国派遣が決まったのである[5]。これが戦後における正式な韓国特派員の始まりであった。

ところが、それ以前の一九五一年七月から一九五六年一〇月の間にも「特派員」[6]が派遣されていたのである。通常、特派員とは新聞・雑誌・放送などの報道機関から外国に派遣され取材にあたる記者のことを指し、同時に受け入れ国の正式な取材ビザが出されるのだが、一九五一年から五六年に韓国に派遣された日本人記者に対して韓国政府はビザを発給していない。その国のビザなしに韓国取材を行なったということになるのだが、それが可能だったのは国連軍の「招待出張命令」により派遣されたからである。彼らは国連軍の従軍記者だった[7]。

以上のような経緯から、当時の新聞記事では「特派員」と呼称しているが、本稿では彼らを「戦後初の在韓日本人記者」(以降、在韓記者とする)と呼び、正式に一九六〇年から韓国に派遣された特派員とは区別することにする。

在韓記者は、各国の記者とともに、休戦会談が開始された一九五一年六月から一九五三年七月の休戦協定成立までの間、国連軍の行動、休戦会談、韓国情勢などを取材・報道し、休戦協定締結以降も同じ名目で残留した。だが、残留に対する韓国政府の反対が強まったため一九五六年から在韓記者の取材は途絶えた[8]。在韓記者の派遣期間を戦後日韓関係に重ね合わせてみると、日韓国交正常化交渉の開始以前から、交渉が開始され日本側首席代表の久保田貫一郎が朝鮮の植民地支配を正当化する発言（一九五三年）をしたことで交渉が中断していた時期までと重なる[9]。


［4］『朝日新聞』一九六〇年五月三日夕刊（一面）。

［5］『読売新聞』一九六〇年五月七日夕刊（一面）。

［6］筆者が今回確認した朝日、読売両紙はともに派遣した記者を「特派員」と呼称している。例えば『朝日新聞』一九五一年七月一二日朝刊一面トップ記事に、「戦火の跡・京城を見る　鈴川特派員現地第一報」とある。また『読売新聞』一九五一年七月一二日夕刊一面トップ記事では、「黒焦げの街　ソウルの街　小平本社特派員第一報」となっている。

［7］中村貢「国連軍に従軍して」（山室英男編『昭和の戦争ジャーナリストの証言一〇　朝鮮戦争・ベトナム戦争』講談社、一九八五年）、二二一〜二二三頁。

［8］一九五六年十一月一七日に「国連軍従軍記者として韓国の査証なく短期間の東京休暇を終えて帰任し」韓国へ再び入国しようとした日本人新聞記者三名に対し、韓国政府は退去命令を出した。少し前に韓国政府は「日本人に関する限り国連軍司令部の証明だけでは韓国入国は不十分」だとする新規定を実施していた（『朝日新聞』一九五六年十一月一八日夕刊、一面）。

韓国政府がこうした新規定を実施することになった背景について、新聞業界紙の『新聞協会報』は次のように伝えている。日本法務省が「米軍用機を利用して立川基地から出入国している韓国軍将校四名に退去命令を出したが、その報復手段として、〝京城駐在の日本人記者に退去命令を出せ〟と韓国政府系の新聞が書いている」（『新聞協会報』一九五六年一〇月一五日、一面）。

国連軍に従軍した日本人記者による朝鮮戦争報道については、当事者の体験談以外にメディア各社の社史や業界史などに断片的に見られるほかには非常に少ないがいくつかの研究がある[10]。

以下では在韓日本人記者の報じた記事内容について朝日新聞と読売新聞を対象に彼らの朝鮮認識に着目して検討していく。わずか数年前まで植民地統治を行なっていた日本の記者が戦後初めて朝鮮半島に滞在し日韓関係や韓国（政府、人びと）についてどのように捉えてどのように報じたかを明らかにしていきたい。対象時期は国連軍に従軍する形で朝鮮半島に入った一九五一年七月から日本人記者が日本へ引き上げる一九五六年十一月までとする。在韓記者は「休戦会談」取材が主な目的ではあったが、それ以外にも現地取材を行い様々なカテゴリーの記事を書いている。本稿では朝日、読売両紙の在韓記者の記事を、「朝鮮戦争休戦会談」「戦線、戦況」「韓国の人びと、街」「対日感情」「李大統領、李政権」「李ライン」「日韓関係」「朝鮮戦争への日本の関与」「その他」の九つに分類した上で、そのうち記者の朝鮮認識にアプローチできるカテゴリーとして、「韓国の人びと、街」「対日感情」「李大統領、李政権」「李ライン」「日韓関係」「朝鮮戦争への日本の関与」を対象とした[11]。本稿は二〇一四年にまとめたものをもとにしているが、それ以降にあたった資料をふまえて新たな考察も行うつもりである[12]

本稿では朝鮮認識という用語を使用していくが、この朝鮮認識の「朝鮮」という地域を指し示す名称には、領域的な朝鮮とそこを出自とする人びとすなわち在日朝鮮人も含まれている。この地域の認識には植民地統治下の「朝鮮」のイメージが遺されており、それは戦後の日本社会とくに一九五〇年代には色濃く存在していた。

[9] サンフランシスコ講和条約調印直後に日本と韓国との間で国交正常化交渉が始まった。一九五一年一〇月の予備会談から第一次、第二次会談と続いたが、第三次会談で日本側首席代表の久保田貫一郎が「日本の植民地支配は韓国に多くの利益をもたらした」と発言したことによって会談は決裂し、その後四年半にわたって会談は中断した。五八年四月に第四次会談が再開されてからも決裂と再開を繰り返し、一九六五年六月に妥結するまで日韓国交正常化には約一四年の歳月が費やされた。

[10] 李虎栄『日本のメディアにおける朝鮮戦争の報道に関する研究』(上智大学大学院文学研究科新聞学博士論文、一九九八年)、土屋礼子「対日心理戦としての朝鮮戦争報道」(『Intelligence』一二号、二〇世紀メディア研究所インテリジェンス編集委員会、二〇一二年三月)、米津篤八『일본언론의 한국전쟁 보도와 그성격(日本言論の朝鮮戦争報道とその性格)』(国立ソウル大学大学院国史学科修士論文、二〇一六年)。米津は、元日本人従軍記者の証言とともに米軍の検閲システムを概括し、朝日新聞と毎日新聞の従軍記者の記事を検討している。このほかに米津篤八「朝鮮戦争における米軍の言論統制――日本人従軍記者の報道事例から」(『日韓相互認識』第一〇号、「日韓相互認識」研究会、二〇二〇年)。

[11] 記事件数は朝日新聞一二三件、読売新聞八四件であった。二〇一三年の最初の調査で見落としていた新聞記事の存在を米津篤八の研究から教えられた。

[12] 本稿は、二〇一三年に調査しまとめた研究ノートをもとにしている。五郎丸聖子「日本人記者が報じた日韓関係(一九五一－一九五六)」(『明治学院大学大学院国際学研究科紀要』第一三号、二〇一四年)。

日本人記者戦後初めて、朝鮮半島へ

一九五一年七月十一日、日本人記者団の第一陣が韓国へ飛行機で向かった。当時の新聞業界紙『新聞協会報』は次のように報じている。

「日本人記者の派鮮を許可／一六社一八名が出発」

総司令部渉外局〔Public Information Office、PIO〕と同民間情報教育局〔Civil Information and Education Section、CIE〕および国連軍司令部は、朝鮮休戦会談を取材するため日本人記者の現地派遣を許可することになり、記者団一八名は十一日午後二時三五分空路京城〔ソウル〕向け出発した。戦後渡鮮する日本人記者としては最初のもので一行の活動は総司令部新聞課が指導いずれも国連従軍特派員と同等の待遇をうけることになっている。[13]

七月十一日の夕方、日本人記者団一六社一八名[14]はソウル郊外の金浦《キンポ》飛行場に到着した。国連軍の従軍記者たちは皆、「ＵＮ（United Nations ＝国連）・ウォー・コレスポンデント」と書かれたショルダーバッジ（肩章）を付けたアメリカ軍将校の制服を着用するように命じられた[15]。

渡韓した記者は朝鮮戦争の休戦会談の取材が主な目的であるため国連軍の行動や休戦会談の記事が多いが、韓国取材の記事も一定数あり、そこでは六年前まで日本の植民地支配下におかれていた韓国の現状が伝えられた。ソウルに到着した翌日の七月一二日、各社の記者による第一報が報じられた。朝日新聞から派遣された鈴川勇は、戦火の跡のソウルの様子を「戦後はじめて朝鮮に入ることを許された日本人新聞記者団の一人として」報告した。

日本人には親しみ深い場所の中でも、京城銀座といわれた明治町はメチャメチャになっ

[13] 『新聞協会報』一九五一年七月一二日(三面)。

[14] 一九五一年七月十一日に韓国へ向かった国連軍従軍の日本人記者団第一陣は次の通りである。産業経済・安藤利男、サン通信社・江越壽雄(写真)、共同通信社・藤田一雄、同・渡辺忠恕、同・源関正寿(写真)、毎日・今村得之、東京・笠井真男、日本経済・木原健男、読売・小平利勝、日本タイムズ・染川洋二郎、時事新報・内藤男、時事通信・千田図南男、西日本・小屋修一、中部日本・杉浦英男、朝日・鈴川勇、NHK・中村重尚、大阪・吉富正甫、北海道・石坂欣二。基本的には一社一人だったとの証言もあるが、共同通信社のみ記者とカメラマンの計三名となった。共同通信社だけが三名と多いのは、通信社を優遇するアメリカのメディア政策が反映されたためであったという(「国連軍従軍記者として朝鮮へ〈笠井真男[東京新聞]、竹内亨[共同通信社]インタビュー〉」日本新聞協会研究所『体験者に聞く　テーマ別戦後新聞史第二号《朝鮮戦争報道》』日本新聞協会、一九九八年、一〇頁)。

[15] 同前、十一〜一二頁。

ており、何一つ満足に立っていない。（中略）明治町という名前は朝鮮が解放された直後に、当時の朝鮮人の対日感情を反映して直ちに「明洞」と改称されてしまった。（中略）総督府は造りが丈夫なため完全破壊は免れており、一部はまだ何かに利用されているとのことだ。（中略）建物の主塔は平衡を失って横にかしいでいる。何かそれは朝鮮人民の運命を象徴しているようにも思える。[16]

ソウルは戦前には京城（けいじょう）と呼称され、戦後になっても日本では京城という呼称が一般的であった。本稿では、地域の呼称については現在の呼称に統一するが、引用の際には原文のままに記載する。

読売新聞からは小平利勝が派遣された。小平の第一報は一二日の夕刊紙面で報じられた。「黒焦げの街　ソウルの街」と題して「動乱朝鮮の、とくに荒廃はなはだしいソウルの生々しい第一印象」を伝えた。ソウルの街で目に付くものを記録していく小平は途中、「始めて〔ママ〕韓国人に話しかけられ」たときの様子を以下のように記事にしている。

十六歳位の自動車の運転手が日本語で「日本の方ですか」と記者に話しかけたのである。「そう」と記者が少年の手を固く握り、「君にききたいことが山ほどあるんだがあしたまた会おう」というのに対して少年は「かしこまりました」と答えた。

この答えを聞いた記者の目には涙が自然に湧き上って来るのをどうにもできなかった。この悪夢のような戦争の後で、なにもかも破壊しつくされてしまった環境の中で、この少年は日本語を忘れずにいてくれた、われわれはお互いにまた理解し合えるのだという感を抱いて……。[17]

両紙記者の第一報は非常に情感的であった。朝日新聞の鈴川は、ソウルの過去一年の戦火がいかにすさまじいものだったかを伝えると同時に、「日本人には親しみ深い」ソウルが戦火にまみえた状況に衝撃を受けたことを表現していた。こうした記者自身の心情は、読売新聞の小平の記事にも表れていた。とくに、「この少年は日本語を忘れずにいてくれた」という部分に注目したい。ここには日本人として植民地統治時代の「京城」を懐かしむ視点が前面に出ている。一方で、解放後六年が経ち、朝鮮の人びとは日本語を忘れてしまっているかもしれない、ある

[16]『朝日新聞』一九五一年七月一二日（一面）「戦火の跡・京城を見る／商店街七割は廃墟／無残・炭とカワラの山」。
[17]『読売新聞』一九五一年七月一二日夕刊（一面）「黒焦げの街　ソウルの街／暮初めて鬼気迫る／胸打つ鮮やかな日本語」。

いは植民地時代の記憶がどのように人びとに受け止められているのかという「懸念」が小平の中にあったのだと推測することもできる。だからこそ韓国人の運転手が「日本語を忘れ」なかったことに対して「涙が自然に湧き上が」るほどに心を動かされたのだろう。いずれにせよ両記者の記事からは、「ほんの数年前までは日本の街だった」という意識でソウルの街を見ている様子が伝わってくる。

「対日感情」という視点

朝日新聞の鈴川はサンフランシスコ講和会議(対日講和会議)の取材でサンフランシスコへ派遣され、代わりに衣奈多喜男が一九五一年七月一八日から韓国入りすることになった[18]。

衣奈による同年八月十一日の記事「韓国民の対日感情/講和へ強い関心/〝好感〟に明確な一線」によれば、韓国の国民は対日講和条約に対して強い関心を持っていたという。同記事では対日講和に対する「韓国民の要求」として次の二つが挙げられている。

一、韓国がサンフランシスコ講和会議に招請されず、またその主張を条約草案に反映させられないことに不満を表明して会議参加を要求する。

二、（イ）日本は韓国内の財産所有権を放棄する旨を明確にする。（ロ）日本における韓国資産を国連加盟各国と同様に取扱う。（ハ）日、韓両国の漁業権紛争を防止するためマックアーサー・ライン[19]を維持する。

韓国としては講和会議への参加を強く望んでいただけに招請されなかったことに不満を感じていたなかで、「京城」の人びとがいかに複雑な対日感情を抱いているかを同記事は伝えた。例えば「四十年間にわたって日本人が建てたすべての建物はたしかにわれわれに与えられた。だが、（中略）何が一体残っているでしょうか」という「京城で聞いた代表的な市民の見解」を示した上で、一年余りの戦乱が「韓国人民」の感情を変えた。「この新らしい〝国民感情〟は今や韓国全土を支配している。大多数の人々は戦争をきらってはいるが、戦意はかえって高まっており、これは韓国民が戦争以上に共産主義者を憎んでいるからだ」とした[20]。そして、こうし

[18]『朝日新聞』一九五一年七月一八日（一面）。
[19] 当時、日本の漁業はＧＨＱによって操業区域を厳しく統制されており、「マックアーサー・ライン」や「マッカーサーライン」と呼ばれた禁漁ラインがあった。戦前、世界でも有数であった日本の漁業を抑え込む目的をもってとられた連合国軍による占領政策の一環としての措置であった。
[20]『朝日新聞』一九五一年八月十一日（一面）「韓国民の対日感情／講和へ強い関心／〝好感〟に明確な一線」。

た感情の複雑さは対日講和への態度にも見られると記事は続く。

韓国人は表面上日本の事情が好転することに深い関心と期待を寄せている。しかし心の中では常にはっきりと一線を引いているようだ。すなわち「私達は常に日本の良い点を感じている。しかしそれは韓国の基本的な要望を放棄することを意味するものではない」……これが韓国人の日本に対する一般的態度なのである。

衣奈は、対日講和条約調印後の一九五一年九月一三日にも「韓国人の対日感情／対日講和除外に不満／一般的には敵対感情薄らぐ」と題した記事を書いている。ＡＰ通信の記者による李承晩大統領へのインタビュー内容を取り上げ、①連合国の援助が、朝鮮やその他日本の軍国主義に対抗したアジア諸国よりも先に、日本の経済的将来を保証しようとしていることに李大統領が批判的であること、②日本の再武装と軍事化は誤りだと李大統領が指摘していることを掲げて、このように李大統領が「日本に対して根本的に警戒をゆるめないというのは、もっともなことであり、この傾向は最近韓国内で増大しているようだが、他方これにはたしかに日本に対するある種の偏見がふくまれていることも事実」だとし、こうした気持ちは二つの分野に分けられるとした。すなわち「一つは日本の急速な再建に、ぼんやりながら、うらやましさを感ずることから来るものであり、他は朝鮮の不幸な戦争状態が、日本の繁栄に貢献しているという意識から来るものであ」ると。

このように「韓国人の対日感情」の分析を行なった上で、衣奈は、「全国的にいって一般感情は、日本に対する敵対感情を次第に少くしている傾向にある」という。そして、その理由として「(一) 共産主義の侵略に伴う圧倒的に重大な危機状態 (二) 日本の援助、とくに国連軍の軍事援助に匹敵するほどの日本の経済援助が絶対に必要だとする自覚」を挙げた[21]。

この朝日新聞の衣奈の記事では、韓国人の対日感情の複雑さが解説されている。まず李承晩大統領の根底にある警戒心の要因として、連合国の援助が朝鮮や「日本の軍国主義に対抗した」アジア諸国より先に日本へ向けられたこと、また日本の再武装と軍事化の二点が挙げられている。そしてこうした傾向が「韓国内にも増大しているようだ」という懸念を示した上で、この感情には「ある種の偏見」が含まれるとした。それは、日本の経済再建への羨望とその繁栄には朝鮮戦争が関係していることへの意識だと説明し、これを「ある種の偏見」としているのである。韓国の人びとの態度やコメントとその結論の「ある種の偏見」という部分には飛躍がある。

[21]『朝日新聞』一九五一年九月一三日(二面)「韓国人の対日感情/対日講和除外に不満/一般的には敵対感情薄らぐ」。

るように感じられる。当時の日本人はこうした韓国の人びとの態度やコメントを「偏見」と捉えたということなのだろうか。

時期的には少し後になるが、朝日新聞の中村貢は一九五二年十一月一六日の記事「朝鮮戦線に日本兵器／共産側に火を吹く／韓国人はいう　ふところ手に日本人」で韓国の人びとの率直な心情を以下のように伝えている。

軍需株はあがり、株主はホクホクし、そこに働く人々はまたこの冬のボーナスの皮算用に忙しいのだろう。（中略）韓国人のだれもがいう。いままでそれらの天文学的な〝お金〟の相当部分が日本人のフトコロに入ったのだと。「日本はうまくやっている。われわれが血を流して苦しんでいるのに、特需、新特需でヌクヌクと復興してきた。韓国では発行通貨七千五百億韓国円（日本の約百九十億円）のうち七七％まで戦費になくなり、人民は残りわずか二三％で死ぬか生きるかの生活なんだ」相当親日な人でも、最後にはこういう。とやかくいわれる対日感情の根元はこんなところにあるのだ。[22]

一九五三年七月二七日、朝鮮戦争の休戦協定が成立した。一〇月一五日、前述のように日韓会談の日本側首席代表・久保田貫一郎が植民地支配を正当化したことで第三次会談は決裂し、以後四年半にわたって日韓会談は中断する。

このような日本と韓国の厳しい関係は海上においても鮮明になっていった。休戦協定成立に伴い、戦時における韓国防衛を目的とした国連軍水域（クラークライン）が撤廃されると、韓国政府は「李ライン」警備に本格的に着手し始める。一九五二年一月一八日に李承晩大統領の名で漁業資源の保護を目的とした「大韓民国隣接海洋の主権に対する大統領の宣言」が発せられ公海上に設置されたラインは、日本では李承晩ラインないし李ライン（以下、李ライン）と呼ばれていた。クラークラインの撤廃は国連軍の介在がなくなり日本と韓国が正面から向き合うことを意味したため、李ラインをめぐる対立も激化したのである[23]。

ところで、先に触れたように日本の漁業は、李ラインがひかれる以前からＧＨＱによって操業区域を厳しく統制されていた。それは戦前に世界でも有数であった日本の漁業を抑え込むためにとられた占領政策のひとつであり、一九四五年九月二日付の連合国軍の指令第一号四項で日本船舶の稼働は一切禁止されたのである。その後、日本政府によってＧＨＱへの要請が重ね

[22]『朝日新聞』一九五二年十一月一六日（一面）「朝鮮戦線に日本兵器／共産側に火を吹く／韓国人はいう　ふところ手に日本人」。
[23]　木村修三「日韓交渉の経緯」（『国際政治』第二二号、日本国際政治学会、一九六三年）、一一五～一一六頁。

各ラインの水域

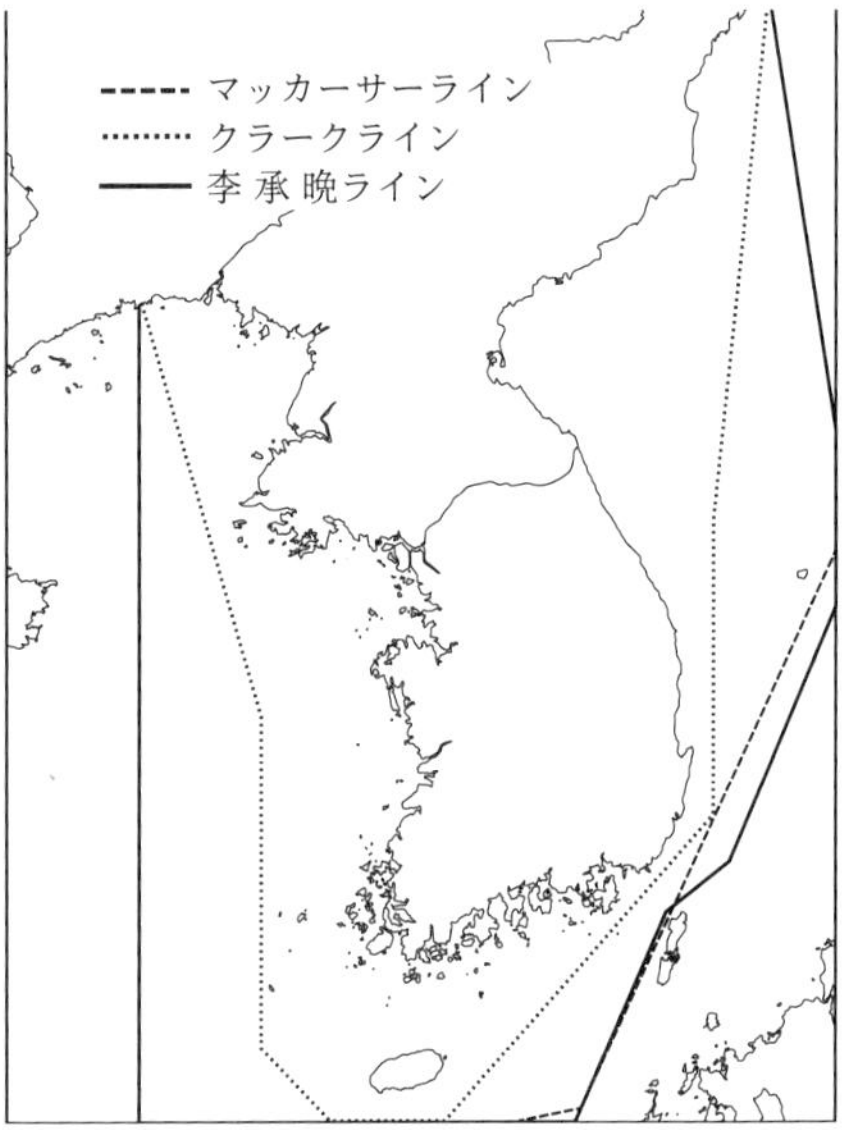

参照：『親和』（日韓親和会、1956年8月号）

られ次第に漁業区域は広げられたが、それでも従来の区域に比べれば大幅に制限されたものだった。そして一九四五年一〇月一三日、船舶の大きさの別なく自由に航行・操業のできる区域を指定する覚書が発せられた。これがマッカーサーラインである[24]。マッカーサーラインは対日講和条約が発効される一九五二年四月に失効することになるが、この撤廃に先立って一九五二年一月にひかれたのが李ラインであった。

その後、一九五二年九月二七日にこの李ラインとほぼ重なる水域を国連軍が朝鮮戦争のために防衛水域と設定して一般船舶の航行を制限した。これがクラークラインである。当初は日本漁船の出漁もこれによって禁止されたが、その後、出漁許可証の交付による制限という形に変わった。マッカーサーライン、クラークライン（防衛水域）と李ラインの三つは図に示すようにその水域がほぼ重なっている。

李ラインは国連軍の設定したクラークラインによって当初は実質的にバックアップされていたが、朝鮮戦争の休戦協定成立によりクラークラインが撤廃されると状況は一変する。李ラインを侵犯したとして韓国による日本漁船の拿捕件数が増えていった。韓国政府は前述の宣言によって李ライン内における日本漁船の操業を「禁止」していたが、日本政府はこれを突然かつ一方的に設定された排他的な海洋資源独占ラインであり、国際法における海洋自由の原則を破棄するものだとして受け入れを拒否していた。このため日本の漁業は李ラインを無視する形で続行されていたのである。

一九五三年一二月一二日、韓国政府はさらに漁業資源保護法を公布して拿捕した日本漁民を「処罰」するための国内法を整備した。韓国による日本漁船拿捕数は一九五三年の四七隻五八五人をピークに、五四年に三四隻四五四人、五五年に三〇隻四九八人、五六年に一九隻二三五人、五七年には一二隻一二一人にのぼった[25]。一方、日本は一九五三年十一月二七日に「韓国周辺及び東シナ海方面公海におけるだ捕事件対策強化措置要綱」を閣議決定し、同海域に常時六〜

[24] みなと新聞社編『漁業で結ぶ日本と韓国』みなと新聞社、一九六五年、四〇〜四一頁。
[25] 海上保安庁編『海上保安白書　昭和四一年版』大蔵省印刷局、一九六六年、一三四頁。

九隻の巡視船をしょう戒させた[26]。

このような経緯から、朝鮮戦争の休戦協定以降、日本社会では韓国政府による日本漁船の拿捕への関心が高まっていった。こうした状況は在韓記者による記事にも反映された。

朝日新聞の津島一夫による一九五三年十一月一八日の記事「きびしい報道シャットアウト／驚く差別待遇ぶり／韓国警官から門前払い」では、韓国に抑留中の日本人漁夫への差し入れが許可されたことが冒頭で伝えられた。そして韓国政府が彼らの一部を突然釈放したことを受け、「もつれた日韓関係にひとすじの光明を与える動きであった」とした。だが一方で、収容所取材に臨む日本人記者への対応は「日本人排斥」だったとしてそれが記事の主要部分となった。

われわれはまず船員たちを収容している釜山郊外の「外国人収容所」で第一の困難にぶつかった。われわれに先立って訪れた米人記者たちは自由に取材出来たのに日本人記者はここで全員韓国人警官に門前払いをくわされた。これが命令によるものであったことはあとでわかった。[27]

記事の後半では、韓国外務部釜山出張所の所長による「私の了解している限りでは日本人記者の取材は軍事行動のみで韓国の内政に関するものは取材できないはずだ。従って収容所を含めて、あなた方の取材に協力することはできない」とのコメントを示し、明確に取材を拒否されたことを伝えた。さらに日本駐在の韓国人記者は自由な取材が可能である一方、韓国にいる日本人記者は「差別待遇」「日本人排斥」を受けているというように、韓国政府の対応の理不尽さを強調した。

読売新聞の篠原大も、時期としては休戦協定以前に遡るが李ライン問題に関連した記事を書いている。

> 日本と韓国との国交調整はなかなかうまくゆかない。（中略）ようやく軌道にのるかにみえた両国の〝歩みより〟も、今度の〝大邦丸〟事件ですっかり逆戻りしてしまった。一衣帯水、お隣同士の間で、どうしてこんなに、〝コジレ合う〟のか……まことに理解に苦しむところだが……ほとんど定期的のように起伏する韓国政府の〝対日感情の波〟にもまれながら（中略）日本へ渡航する日、あるいは〝帰国〟する日を待ちわびている日本婦人がいる。[28]

……………………

[26] 海上保安庁総務部政務課編『海上保安庁三〇年史』海上保安協会、一九七九年、二七頁。
[27]『朝日新聞』一九五三年十一月一八日夕刊（三面）「きびしい報道シャットアウト／驚く差別待遇ぶり／韓国警官から門前払い」。
[28]『読売新聞』一九五三年三月一日夕刊（三面）「京城の日本婦人／引揚切望の百名／対日感情の波にもまれ」。

この記事にある大邦丸事件とは、日本漁船の第一、第二大邦丸が韓国警備艇による銃撃を受け、第一大邦丸の漁労長一名が死亡したという一九五三年二月四日に起きた事件のことである。また「日本婦人」とあるのは韓国の「外人登録証」を所持している韓国に暮らす日本人女性のことである。この取材は、日本人記者団の存在を知った彼女たちが記者団を訪問したことをきっかけになされたものだった。韓国での暮らしでは「日本人」としての気苦労がいかに多いかという記事がこのあと続いた。

韓国が独立した時、十年もの間連れ添ってきた韓国人の夫から日本の悪口をさんざ聞かされた末、離縁になった婦人もいる、日本人であるために外はもちろん家族の者からもつらくあたられた毎日だったが、今では韓国人達から日本語でいたわりの言葉をかけられるようになったし、韓国政府肝いりの〝反日市民大会〟などにもむりに引っぱり出されるようなことはなくなったという——ということは政府の〝反日感情〟と民衆の〝対立感情〟の間には相当のギャップが存在していることを物語るのだろう。だから〝大邦丸事件〟をきっかけに新聞であおりたてている〝反日感情〟も日本人婦人たちにはひびいてこない（後略）。

以上のように「李ライン」に関する朝日・読売新聞の在韓記者による記事では、韓国政府の

〝反日感情〟が激しさを増していることが強調された。同時に韓国政府の〝反日感情〟はかならずしも国民とは一致しないと間接的に伝える記事も見られた。だが、そもそも日本と韓国が「コジレ合う」根本的な要因、すなわち植民地支配への両国の認識の相違に関しては触れられず、大邦丸事件に代表される李ライン問題など、戦後、あるいは植民地支配からの解放後に発生した日韓間の問題にもっぱら目が向けられた。

反日感情を始めとする「対日感情」というキーワードはその後の在韓記者の記事でも見られる。同じく朝日新聞の津島一夫による一九五四年六月九日の記事「暗さを増した朝鮮の一年／他国まかせの将来／李大統領　国内政策で地固め」を見てみよう。休戦協定後の一九五四年に開かれたジュネーヴ会議においてインドシナ問題とともに検討された朝鮮問題だったが、「北と南でいっている「全鮮統一」は、大きくくい違った双方のプランにはさまれて、完全に宙に浮いてしまい、世界の焦点はインドシナへ移ってしまったと伝えている[29]。そのような状況を受けて、従来の「統一論」のほかに復興計画など国内政策へも目を向けるように変化した李政権であったが、「反日政策」については頑なに譲らないと記事は続いた。

[29]　『朝日新聞』一九五四年六月九日（二面）「暗さを増した朝鮮の一年／他国まかせの将来／李大統領　国内政策で地固め」。

現地で記者の目撃した反日ぶりはまさに想像を超えるすさまじさであった。日本への根深い不信、それから生まれた将来の「日本の脅威」に対する不安、過去の日本統治時代に対する反発……それに李大統領自身の個人的な反日感情が加わった「日本排撃」の空気は救い難いほどのとげとげしさになっている。

そして、このような韓国政府の政策のため、「民衆の間でも〝反日〟がひとつの「風潮」になってきたこと」が憂慮され、「一年前には大いに語り合えた韓国の青年たちがいまでは会うことすら難しくなった。このきびしい反日政策は、すでに深刻な傷を残している「朝鮮半島の悲劇」をますます暗いものにしていることを現地にあって痛感させられた」とまとめられた。

「対日感情」に関する記事は、一九五五年六月二三日の朝日新聞の矢野俊一による「韓国このごろ　下／根強い対日関心／忘れ得ぬ〝過去の記憶〟」でも伝えられた。冒頭で韓国の対日関心の強さが日本の韓国への関心と比べはるかに大きいことが示された。韓国政府による日本非難の声明などに対しては日本からの反響があまりないのに比べて、韓国は日本の動きに敏感だというのである。その例として、鳩山一郎政権の韓国への態度変化によって韓国の対日空気が変わる様子が伝えられた。

鳩山首相が唱えた〝善隣友好〟は韓国の朝野にかなりの好感を呼んで、新聞も従来の猛烈な日本攻撃をピタリと止め、警戒気味ではあるが、希望をこめて成行を見守る態度に変った。また今年初め、一部の報道で流された鳩山首相の訪韓説についても日本ではほとんど問題にならなかったようだが、韓国では李大統領自ら記者団の質問に答えて〝歓迎〟の声明まで出した。この韓国における鳩山ブームが終止符を打ったのは、首相が国会で「対韓財産請求権を放棄するといったことはない」と言明したという三月末。四月以降は鳩山政府に対する好感が激しい不信に逆転し、また矢継ぎ早に日本非難の政府声明や高官談が出始めた。[30]

このように韓国は日本の態度によって〝反日感情〟が一転して歓迎ムードとなったり、期待に反した態度を見せられると不信感情へ逆転するというような視角で韓国の「対日感情」が報じられた。また、韓国政府のとる日本への強硬態度の根底には過去の日本に対する反発が根強くあると指摘しつつ、それは「国民意識の高揚や国内の地固めをねらって」のものだという解

[30]『朝日新聞』一九五五年六月二三日（二面）「韓国このごろ　下／根強い対日関心／忘れ得ぬ〝過去の記憶〟」。

説がなされた。そして最後に、矢野は「京城」を歩いたときの様子を次のように報告している。

街に殺気だった空気はなく、ヒヤリとさせられたことは一度もない。韓国社会の底辺をなす民衆の多くは、その愛国心から来る微妙な意識や反発もあるが、それと同時に互恵平等を目指す日韓関係の改善を望んでいることは間違いないようである。それは京城の街のあちこちで会った人々が、あたりの第三者に気兼ねしながらも、ほとんど例外なくもらしてくれたことだった。

韓国における政府と国民の対日感情が必ずしも一致しないとの報道は、読売新聞の竹下による一九五五年八月二一日「京城の街にみる〝韓国の日本ぎらい〟／密輸品、すなわち日本品／だが昔なつかしむ一般人」という記事にも見られる。一九五五年八月一五日の「「解放記念日」以来、韓国政府は反日声明、対日旅行制限及び対日貿易の全面的禁止」などの「反日政策」を打ち出していることを受けて、韓国政府の真意は「強硬策」を推し進めることなのか、「単なるいやがらせ」なのか、「国民の目を外に向けようとする「苦肉の策」」なのかとしつつ、政府の態度にもかかわらず「〝反日空気〟はさほど感じられない」として、「京城の街のあちこちや一般の人々にみる〝反日〟〝親日〟の様子」を以下のように伝えた。

もちろん一部には極端な〝日本ぎらい〟もいるのであろう。しかし、多くの人々、とくに知識層や年長者たちはいまもって日本をなつかしみ、なにかとわれわれ日本人に親切にしてくれる。（中略）日本の雑誌、書籍を読む人もまだまだ沢山いるようだ。政府では厳重に検閲したのち、一定数量だけ街で売出しているが、日本の値段よりもかなり高いにもかかわらず、どんどん売れているという。ここにもまた韓国人の抱く〝郷愁〟がみられるのである。「どのみち韓国は日本とは離れられない」「日本との提携は韓国のため」ということは韓国人自らがもっともよく知っていることであろう。「被支配民族であったという気持ちはなかなか抜けるものではありません。だから何としても平等でありたいという気持ちもつきまとうのです。しかしそれでもとにかく日本とは仲良くしたいのです」と、ある韓国人はこう語っていた。[31]

以上のように「対日感情」という切り口による記事は、日本人記者の韓国滞在期間のどの時

[31]『読売新聞』一九五五年八月二一日（二面）「京城の街にみる〝韓国の日本ぎらい〟／密輸品、すなわち日本品／だが昔なつかしむ一般人」。

期にも見られた。一九五一年一〇月二八日の朝日新聞の辻豊の記事によると、「韓国人の対日感情――この問題についてはすでに多くの日本人記者が良いとも、良くないともあらゆる角度からの観察を報道した」[32]とあり、日本人記者団が一九五一年七月に派遣されて間もないころから「対日感情」という視点が多用されていたことがわかる。記者自身が、あるいは読者である日本の人びとが、韓国の人びとの「対日感情」に関心を向けていたということだろう。

一九五一年七月から一九五六年十一月までの朝日新聞、読売新聞の在韓記者による記事の中で「対日感情」を切り口とした記事は、確認できた限りでは朝日新聞が一〇本、読売新聞は七本であった。これらの記事は韓国に影響を与えるその時どきの事象を受けて李承晩大統領や韓国の人びとが現状どのような「対日感情」を持っているかに焦点があてられた。ここでいう事象とは、日韓交渉の行き詰まりや李ライン問題、日本の特需など日本との間の問題であるほか、ジュネーヴ会議など韓国自体の問題にクローズアップする場合もあった。李承晩大統領、韓国の人びと、あるいはこの両者を対象に、インタビューや取材のコメントをそのまま掲載するものもあったが、多くはそこに記者による解説や分析が加えられた。そこでは、李承晩大統領と韓国の人びとの「対日感情」は必ずしも一致していないとの解説を示すものが目立った。また「対日感情」が悪化したとしても人びとの本音として好意的な部分をすくい取る、あるいは記者がそのような意識を汲み取るような記事も見られた。つまり記者の主観が表れていたことになる。そこには、朝日、読売両紙の第一報に端的に見られたように、わずか数年前まで日本であった韓国の人びとには日本に好意的であってほしいという心情が反映されていたのではないだろうか。そしてそのことは同時に、日本と韓国が「コジレ合う」根本的な要因である植民地支配に対する認識の相違を直視することの回避へとつながっていったのではないだろうか。

このような在韓記者のフィルター越しに伝えられた朝鮮半島の様子は、日本社会におけるその後の朝鮮認識に少なからず影響を与えたと言えるだろう。在韓記者は日本社会の構成員でもあるわけだから、その朝鮮認識は基本的には日本社会で共有されていたものだった。しかし在韓記者は、記者という特異な立場によって、いち早く、戦後／解放後の朝鮮半島に降り立ち、朝鮮戦争を知り、朝鮮半島の人びとに出会い、それらのことを記事に書いて日本社会へ伝えた。だとすればやはり、その記事内容は、日本社会におけるこれまでの朝鮮認識への「補強」なのか「修正」なのかは別にして影響を与えたことは確かだろう。

ここまで在韓日本人記者たちの記事を通して彼らの態度や心情にアプローチしてきたが、私

[32]『朝日新聞』一九五一年一〇月二八日（二面）「韓国知識層から見た日本〝繰り返すバカ騒ぎ〟／激動する民心は共通」。

たちはここから何を感じ取ることができるだろうか。あるいは感じ取るべきなのだろうか。その報道姿勢を当時としては仕方のなかったことだと認めるべきなのか、それとも厳しく指摘してそこに課題を見出すべきなのか。どちらも正しくどちらも間違っているように思う。まずは、現在もなお問題となっていることにかつて直面した記者たちの態度や心情をただ知ることが大切なのではないだろうか。つまり、在韓記者の記事から伝わる「日本に好意的であってほしい」と願う心情の裏面にあると思われる、植民地支配への朝鮮人の恨みや怒りの存在を感じ取りながらもそこへ向き合おうとしない、あるいは向き合えない心理をまずはそのまま受け止めるということが、私たちのするべき最初のことだと思うのである。なぜならそれはかつての彼らの問題でもあるが、今の私たちの問題でもあるからである。

なぜ、「好意的であってほしい」という構えを持つことなく朝鮮半島の人びとの声を彼らは聞くことができなかったのか。私たちがそのことを自分自身にひきつけて思い巡らすことは、当時、彼らが聞くことができなかった朝鮮半島の人びとの声に近づくことにつながっているのではないだろうか。

それでは一体、日本国内に生きる人びとは、朝鮮戦争をどう捉えていたのだろうか。次章ではそのことについて考えてみたい。

第三章　朝鮮戦争と日本社会

夕刊讀賣

黒焦げの街 ソウルの街

小平本社特派員 第一報

暮初めて鬼氣迫る

胸打つ鮮やかな日本語

『読売新聞』(1951年7月12日夕刊)

日本で朝鮮戦争を振り返るときには「高度経済成長のきっかけとなった」という特需と関連付けた語りが一般的だが、第一章で見てきたように日本人船員の朝鮮戦争への関与一つをとっても日本には朝鮮戦争にまつわる記憶や語りはもっとたくさんあるはずである。しかし朝鮮半島の人びとが戦争の影響をどのように受けたのかであるとか、日本社会において最も身近な当事者であった朝鮮半島を出自とし日本にとどまった人びとが戦争をどのように受け止めていたのかといったようなことは、今日まで語り継がれてきた日本社会における朝鮮戦争の語りではほとんど聞いたことがない。

本書の冒頭で私は「朝鮮戦争について何も知らないことに気がついた」と述べたが、それはつまり朝鮮戦争の状況を具体的に想起しなかったということであり、戦争のさなかにあった人びとのことを思い浮かべることができなかったということだった。私は国家や軍隊や企業を主体においた「大きな歴史」で朝鮮戦争をほんの少しイメージしたに過ぎなかった。一瞬でも自分にひきつけてみたとしたらすぐに一人ひとりの置かれた状況や心境に思いが巡ったことだろう。そうしなかったのはなぜか。それは言ってしまえばそこまで関心を向けることがなかったからだろう。どうして私はそのように無関心でいられたのか。これは戦後の日本社会への問いかけでもあるが、それ以前に私自身に向けた問いである。

少しずつ朝鮮戦争のことを学んでいくなかで、私は一九五〇年当時の日本の人びとが朝鮮戦争をどのように受け止めていたのか、そのことをまずはとても知りたいと思った。そのことを知ることによって、日本社会がなぜ朝鮮戦争を忘却してきたのか、あるいは朝鮮戦争のどの側面を忘却してきたのかを知る回路が見つかるのではないかと考えたのである。

朝鮮戦争はどのような国際社会の動きのなかで起こり、朝鮮半島の人びと、および日本にとどまった朝鮮半島を出自とした人びとはどのような影響を受けたのか。当時占領下にあった日本はこの戦争をどのように捉えて、どのように関わったのか。そして日本の人びとは朝鮮戦争をどのように受け止めたのか。これらのことを以下では検討していこうと思う[1]。

[1] 五郎丸聖子「朝鮮戦争と日本社会」(『猫が星見た——歴史旅行』二号、五郎丸個人誌、二〇一七年八月)、五郎丸聖子「朝鮮戦争に対してなぜ日本人は「傍観者」でいられるのか」(『季刊　社会運動』二〇一九年一〇月)をもとに加筆修正した。

朝鮮戦争／朝鮮半島分断の経緯

朝鮮戦争とはどのような戦争だったのか改めて確認しておこう。一九五〇年六月二五日、朝鮮民主主義人民共和国の軍が北緯三八度線を越えて戦争は始まった。同軍は急速に南下し、二八日にはソウルを占領した。大韓民国（韓国）の軍とその支援をする国連軍の支配下にあったのは半島南端のごくわずかなエリアであった。戦いの流れが逆転して国連軍が北上すると、北半部にも同様の破壊がもたらされた。一〇月半ばに中華人民共和国（中国）の義勇軍が参戦すると、戦局は再度逆転し、一九五一年六月以降、三八度線付近で戦線は膠着状態となった。七月一〇日に停戦交渉が始まるが交渉は難航し度々中断した。戦闘そのものも小規模とはいえ続いた。

国連軍創設の経緯についても見ておこう。六月二七日、緊急に開催された国連の安全保障理事会（安保理）は朝鮮民主主義人民共和国の行為が国連憲章規定の「平和に対する破壊」行為にあたるとして非難、即時停戦を求めた。ソ連が安保理をボイコットしていたなかで、七月七日、国連軍の創設は決議された。安保理はその指揮権をアメリカに委ね、アメリカ政府はマッカーサーを国連軍司令官に任命した。こうしてアメリカが実質的に主導する国連軍の朝鮮戦争への介入は始まった。

朝鮮戦争・戦線の推移

□朝鮮民主主義人民共和国・人民軍、中華人民共和国・義勇軍
■国連軍

❶ 1950年8月末

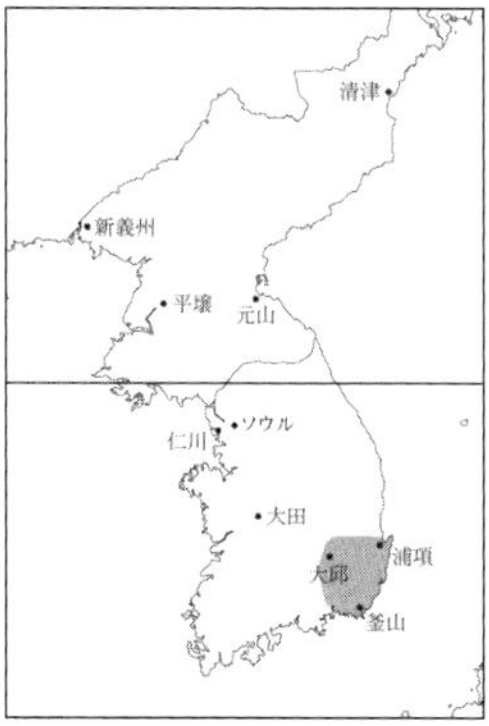

❷ 1950年10月末

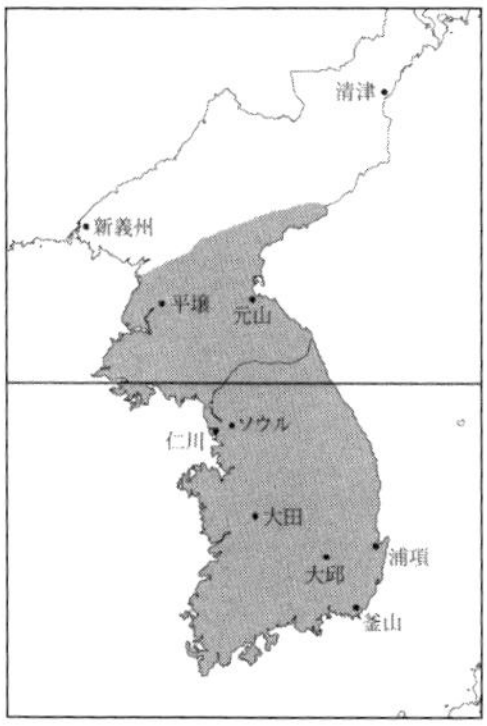

❸ 1950年12月末

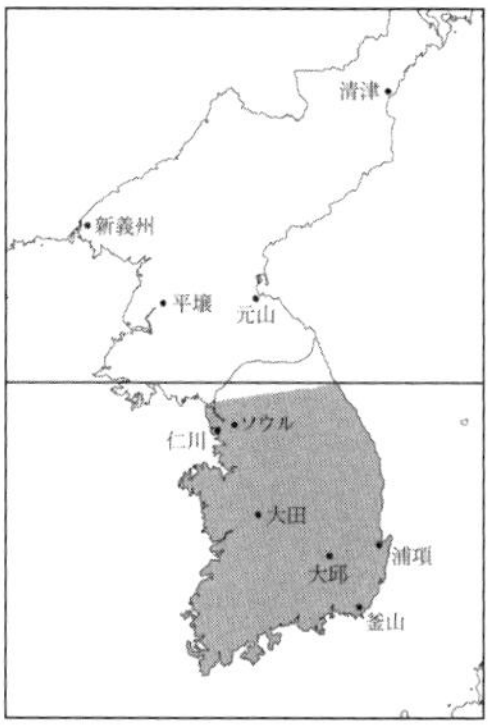

❹ 1953年7月（現在の分断線）

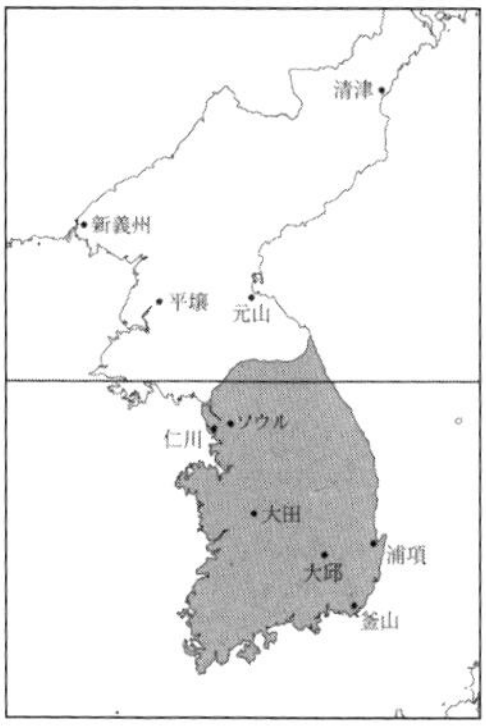

参照：『20世紀放送史（上）』（日本放送協会、2001年）
　　　『在日義勇兵帰還せず』（岩波書店、2007年）

一九五三年七月二七日、朝鮮民主主義人民共和国軍・中国軍と国連軍の間で休戦協定が調印された。このとき、両陣営の境界線はほぼ以前と同じ三八度線に沿っていた。韓国は休戦を不満だとして調印を拒否した。戦闘による被害実態は現在でも正確にはわかっていないが、戦闘員でない人びとをも巻き込んだその被害は甚大なもので、当時、およそ三〇〇〇万の人口だった朝鮮半島で四〇〇万人を超える人が亡くなったと見られている。戦闘や爆撃で亡くなった人のほか、虐殺された人も多かった。南北に統治者、占領者が移動したあとには処刑された多数の人びとの遺体が残された。離散した家族は一〇〇〇万人にも上った。また何万人もの人たちが行方不明になった[2]。

朝鮮戦争の原因は複雑で様々な議論もあるが、一九四八年に南北両政府ができ、分断が固定されたことで統一の動きが内戦へと転化したことは確かなことである。この分断は一九四五年八月の解放後の朝鮮半島を北緯三八度線の北側をソ連が、南側をアメリカがそれぞれ占領下に置いたことから始まった。しかし、これはのちに解消される予定のものだった。アメリカとソ連による分割占領は日本軍の武装解除のための便宜的なものだとされていたのである[3]。では、どうして分断は固定化することになったのだろうか。

アジア太平洋戦争の終焉というのは、朝鮮半島の人びとにとっては日本による植民地支配からの解放を意味した。自らの運命を自らで決める自由を手にした人びとは喜びと希望に満たされた。ソウルでは解放と同時に後述の呂運亨《ヨウニョン》と安在鴻《アンジェホン》が中心となって朝鮮建国準備委員会（建準）が結成された。そして建準の各地域での発足が呼びかけられると各地域の人びとはこれに呼応し次々に建準（もしくは人民委員会）を名乗る自治組織が結成されていった。一九四五年の八月三一日までには全国で一四五の建準支部が組織された[4]。

一九四五年九月二日に日本が調印した降伏文書の規定によって、解放後の朝鮮半島は北緯三八度線の北側がソ連、南側がアメリカの占領下に置かれたことは先ほど述べたが、九月八日になると朝鮮半島の南側にはアメリカ軍の第二四軍団が進駐してきた。その直前の九月六日、戦前から左派民族主義者で社会主義者であった呂運亨や、朝鮮共産主義運動の指導者の朴憲永《パクホニョン》が中心となって「朝鮮人民共和国」の樹立が宣言された[5]。この宣言は、アメリカ軍の進駐が迫るなかでの「非常措置」だったのだと呂運亨は同日の大会演説で述べている[6]。この宣言のあ

[2] 和田春樹『朝鮮戦争全史』岩波書店、二〇〇二年、四六二頁、四七九～四八一頁。
[3] 文京洙『済州島四・三事件――「島《タムナ》のくに」の死と再生の物語』岩波書店、二〇一八年、四六頁。
[4] 同前、五一頁。
[5] 萩藤大明「朝鮮半島における冷戦の起源：米国の戦後朝鮮信託統治構想とその挫折、一九四五－四八年」（『神戸法学年報』三三、神戸大学大学院法学研究科、二〇二〇年）、八六頁。
[6] ブルース・カミングス著・鄭敬謨／林哲／加地永都子訳『朝鮮戦争の起源一　一九四五－一九五七年　解放と南北分断体制の出現』明石書店、二〇一二年、一一四頁。

と、建準の地方組織は人民委員会と呼ばれるようになった[7]。

九月二〇日、アメリカ軍政府機構（以下、アメリカ軍政または軍政）が公表された。三八度線以南における「米軍政府は連合軍最高司令官の下に、米国軍より設立せられた臨時政府であり、南部朝鮮における唯一の政府」であるとされた[8]。こうして南側において直接統治を開始したアメリカ軍政当局は、「人民共和国」に多くの共産主義者が参加していることに気がつくと警戒心を抱いた。ブルース・カミングスは「建準とその後の人民共和国（人共）に、なぜあれだけ多くの共産主義者が参加していたかということを、今の時点からその後に発生した事態のレンズを通して説明することは可能でない。われわれはその後の分断がわれわれの心理に押しつける思考の枠組みを離れ、一九四五年時点の朝鮮人が見たままの朝鮮を見なければならないだろう」と述べている。解放後の朝鮮半島の各地で自然発生的に建国準備運動が広がったこと、その中に共産主義者が多かったことについては、植民地支配からの解放直後の朝鮮の人びとの気持ちに近づくために丁寧に見ておく必要がある。もう少しブルース・カミングスの言葉を続けることにする。

日帝時代、最後まで日本人に屈服しなかったのは、多くの場合共産主義者であった。それに比し、いわゆる民族主義者陣営は、その指導者の多くが日本人と妥協し結託するようになってから、決定的に弱体化されていた。従って共産主義者たちが地下の潜行から浮上し、或いは八月一五日〔実際は八月一六日〕釈放されてから獄門を出てきたとき、彼らは非の打ちどころのない愛国的闘争歴を示すことができた。[9]

日本でも、朝鮮半島出身の人びとは解放を喜び、朝鮮半島に帰る人たちは各港に殺到した。日本にとどまった人たちは新しい組織を結成し、子どもたちのための民族学校を次々に開校した。一九四五年一〇月には、各地の組織は在日本朝鮮人連盟（朝連）という全国組織に集結した。このように、当初は、やっと手に入れた自由のもとで人びとはひとつにまとまった。だが、まもなくして、朝鮮半島にひかれた線が当初の意味を変えるとそれは日本でも影響を及ぼし始めていった。

一九四五年一二月、ソ連、イギリス、アメリカ三カ国が出席する外相会議がモスクワで開かれ、朝鮮半島に臨時政府を樹立しアメリカとソ連による五年間の信託統治下に置くことが決め

［7］前掲『済州島四・三事件』、五一頁。

［8］小此木政夫「米軍の南朝鮮進駐――間接統治から直接統治」（赤木完爾・今野茂充編著『戦略史としてのアジア冷戦』慶應義塾大学出版会、二〇一三年）、九八〜九九頁。

［9］前掲『朝鮮戦争の起源一』、一〇五頁。〔　〕は原文ママ。

られた。この二つの大国は朝鮮半島における大戦後の枠組みを「信託統治」とすることに合意していたのである。植民地支配から解放された朝鮮半島を一定の期間、信託統治の下に置くことはすでに一九四三年一二月のカイロ宣言(米英中によって定められた対日戦の基本原則)において合意されていた。カイロ宣言では「朝鮮人民の奴隷状態に留意し、適当な手筈を経て朝鮮を自由かつ独立の国」にすると謳われていたが、この「適当な手筈」を具体化したのが信託統治であった。そしてその具体的な交渉は一九四五年一二月のソ連、イギリス、アメリカ三カ国によるモスクワでの外相会議に引き継がれたのであった[10]。

信託統治の構想はアメリカのルーズベルト大統領がソ連に示したものだったことからもわかるように、当初はアメリカ、イギリスの協調関係にソ連も引き入れられる予定だった。ところが、ルーズベルトは一九四五年四月に亡くなり、後を引き継いだトルーマン大統領はこれまでの「対ソ政策を全面的に見直し、ソ連の東アジアへの膨張を阻止するための戦略を練り始める」ることになる。「こうしたなかで、モスクワの三国外相会議は、いちおう、朝鮮人自身による統一的な臨時政府の樹立と四大国(米英中ソ)による五年間の後見という「信託統治」の中身を確定した。しかし、その時点では、すでにこれを実現しようとする意欲は、米ソともにそれほど強いものではなくなっていた」[11]。

では、この信託統治を朝鮮半島の人びとはどのように受け止めたのだろうか。独立を勝ち取った人びとにとってそれはまず衝撃をもって受け止められ、その後も賛否をめぐる激しい対立と混乱が生じた。「北ではプロテスタントの民族主義者として名高い曺晩植《チョウマンシク》が最後までこれを拒み、南では右翼民族主義の巨頭・金九《キムグ》が重慶にあった大韓民国臨時政府（臨政）を母体とする独立国家の即時樹立をかかげて猛反発した。これに李承晩ら反ソ・反共の右派も合流し、日帝時代のいわゆる親日派も便乗した」。このように信託統治反対（反託）の運動は当初は右派だけでなく、左派の人たちによっても展開された。ところが、途中で左派が信託統治支持（賛託）にまわったことから、「信託統治の賛否は、そのまま左右分裂となって解放後の朝鮮を引き裂」くことになった[12]。

朝鮮半島の人びとによる自治はどのように進められていたのだろうか。北側では北朝鮮臨時人民委員会が、信託統治の具体化の協議機関である米ソ共同委員会が開催される以前の一九四六年二月につくられた。米ソ共同委員会による協議は四六年三月に始まったが、「統一的な臨時政府樹立に向けた話し合いをしながらも、ソ連側は民主改革の名の下で北朝鮮地域での既成

[10] 前掲『済州島四・三事件』、四六頁。
[11] 同前、四六~四七頁。
[12] 同前、四七~四八頁、ルビは原文ママ。

事実の積み上げに余念がなかった」[13]。南側では、一九四五年一〇月に「朝鮮の米軍占領地域における民事行政のための初期基本指令」がアメリカ本国からようやく現地の朝鮮へ示された[14]。

この基本指令は、アメリカとソ連の協調という当初の国際的な枠組みによるものだったが、現地のアメリカ軍政当局では別の政策の基礎がすでに築かれようとしていた。解放後の現地では、人びとが各地域で「草の根的な社会革命の機運と新国家建設への動き」を見せており、軍政当局はそれを脅威として受け止めた。このような背景から軍政当局はソ連との協調よりも左派への封じ込めに躍起になった。そのためであればアメリカ政府の公式の方針に反して、事実上、右派と結ぶことさえ躊躇せず、植民地時代の遺制であった朝鮮総督府の人材に頼ることになる[15]。この人たちはいわゆる「親日派」の人たちだった。すなわち朝鮮半島の人びとが憎悪の対象としてきた植民地支配に加担してきた人たちであって、解放後の朝鮮半島では本来なら政治的な正当性を持ち得ない人たちだった。だからこそ、彼らはアメリカにすり寄ることで生き残ろうとしたし、そんな彼らをアメリカ軍政は利用したのである。こうして「いったん姿を消していた植民地支配時代にそこから利益を得たり、支配システムのなかで積極的に抑圧者の側にあったりした警官や官吏を含む「親日派」は再び息を吹き返した[16]。その一方で朝鮮人民共和国は一九四五年一〇月一〇日、否認された。

米ソ共同委員会は軍政の既成事実の積み重ねとは別に当初の通りに信託統治の具体化の検討

を進めた。だが、朝鮮臨時政府樹立のための協定に向けた協議の対象とする政党、団体の定義をめぐって両国の見解の違いが浮き彫りとなり、一九四六年三月二〇日に始まった会議は決裂する[17]。

その後も、アメリカ国務省は当初目指した信託統治を実施するため朝鮮半島の南側に左右の穏健派による諮問会議を設けて臨時政府の基礎づくりを図ろうとしたが、それもすぐに暗礁に乗り上げた。当初、左右合作に協力的だった左派は姿勢を変えていたのである。「五週間の平壌訪問から帰った朴憲永は、米軍政と極右勢力に対する逆攻勢を掲げた〝新戦術〟を採択し、従来の対米協調・合法路線から、対決路線への転換を打ち出した」。こうした動きを知った軍政は朴憲永ら共産党の指導層に逮捕令を出し、左派系新聞を停刊処分とするなど弾圧を開始する。一方、朴憲永は新戦術による活動として大邱（テグ）を中心にゼネストを実施した。「解放後の南朝鮮社会は、米軍政の失策もあって深刻なインフレと食糧不足に悩まされて」おり、「ゼネス

[13] 前掲『済州島四・三事件』、四九頁。
[14] 前掲「朝鮮半島における冷戦の起源」、八七頁。
[15] 前掲『済州島四・三事件』、五〇頁。
[16] 岩崎稔「アカ」（板垣竜太・鄭智泳ほか編著『東アジアの記憶の場』河出書房新社、二〇一一年）、三一三頁。
[17] 前掲「朝鮮半島における冷戦の起源」、九六頁。

トはそういう米軍政への不満に火をつけ、（中略）労働者ばかりか、学生や一般大衆二五万人余りが参加するデモや暴動へと発展した」。さらにこのゼネストは全国各地に拡がり、のちに「一〇月人民抗争」と呼ばれる事態となり、アメリカ軍政に対して深刻な打撃を与えた。だが、左派の側も、軍政による鎮圧には警察だけでなく極右青年団体も動員されたことから大きな打撃を受けた。地方に残っていた人民委員会もこのとき徹底的に破壊された[18]。

米ソ共同委員会は二回目の会議が一九四七年七月に始まった。だが、それはすぐに事実上の決裂状態に陥った。八月になるとアメリカが米英中ソ四カ国による会議を再開することでモスクワ協定実行の再協議を提案する。それは「南北朝鮮それぞれに普通選挙による臨時立法機関を設立し、両者の代表が統一臨時政府を構成して独立国家を樹立する」という内容であった。ところが「ソ連は、こうした南北二つの立法機関の樹立が、南北分割を助長するものとして拒否」したため、アメリカはついにモスクワ協定に基づいた統一朝鮮の樹立を断念する。

そしてアメリカは一九四七年九月に朝鮮問題を国連に提訴する方針を示し、十一月には第二回国連総会において、朝鮮での選挙実施と政府樹立の監視機関として国連臨時朝鮮委員会の設置が決められた。一方、ソ連はこの決定に対して同委員会が朝鮮半島北半部へ立ち入ることを拒否した。このため実施可能な南半部のみでの選挙の実施が一九四八年三月に決定した[19]。

このようにして朝鮮半島における統治のあり方は、解放直後に人びとがイメージしたものとは決定的に異なる方向へ動き出していった。

南半部での単独選挙に対しては、分断を固定化するものだとして多くの人びとがこれに反対した。実力闘争も起きた。済州島では単独選挙に反対する左派の武装蜂起が起こった。そしてこれに対する右派による無差別な鎮圧によって夥しい数の島民が犠牲になった。済州島で起きたこの「四・三事件」とその後の軍と警察、民間団体による虐殺行為については、以後の韓国の反共軍事体制下では長く語られることがタブーとされた[20]。

単独選挙は、結局、一九四八年五月一〇日に実施され、八月一五日には大韓民国が樹立された。北半部には九月九日、これに対抗する形で朝鮮民主主義人民共和国が樹立された。

ここまで振り返ってきた朝鮮半島における分断とその固定化は激しい暴力を伴うものであった。その背景には日本の植民地支配が存在し、アメリカ軍による朝鮮半島南半部における軍政時代にも「植民地期の支配と抵抗をめぐる機構や運動」が引き継がれていたことは見てきたと

[18] 前掲『済州島四・三事件』、五四~五五頁。
[19] 宇野田尚哉「東アジア現代史のなかの「小野日記」」（小野信爾著・宇野田尚哉他編『京大生小野君の占領期獄中日記』京都大学学術出版会、二〇一八年）、二四六頁。
[20] 前掲「アカ」、三〇六頁。

おりである[21]。

朝鮮戦争の勃発と東アジアの冷戦構造

「前線からの断片的な情報によれば……」。朝鮮戦争勃発の日本での第一報は一九五〇年六月二五日午前一〇時一五分、アメリカのUP通信を通じて共同通信に入った[22]。それをもとに朝日新聞は号外で「北鮮軍総攻撃開始　けさ国境突破」と題して朝鮮民主主義人民共和国の軍が「三十八度線全線にわたって攻撃を開始した」ことを伝えた[23]。

NHKは午後一時三二分、臨時ニュースを放送し、「北鮮、南鮮にたいし宣戦を布告」と伝えた。だが、宣戦は布告されておらず、それはロイター通信社の誤報だった。しかし、それをチェックすることも不可能だったとNHKの関係者はのちに証言している[24]。

占領下にあった日本はこのとき韓国とは国交を持っていなかった。外交官は駐在しておらず、新聞社や通信社の特派員もいなかった。そのため朝鮮戦争については間接情報に頼るしかなかった。それでも、この日から各紙の一面には朝鮮半島での戦況の記事が続いた[25]。

朝日新聞福岡総局の記者でのちに国連軍の従軍記者として朝鮮半島に派遣されることになる富重静雄は、日曜日だった六月二五日、家でくつろいでいると、「どうも北朝鮮が南のほうへ攻めてきているような感じだ。相当なことになるかもしれないのですぐ出てこい」と急に呼び出しをかけられた。その少し前に福岡とソウル間の国際電話開通の記事を書いていた富重はソウルへの電話取材を社に向かう途中で思いつき、ソウルにある官庁や新聞社へ電話による戦況の取材を行なった[26]。六月二六日の朝日新聞朝刊の一面には〈福岡発〉として韓国国防軍陸軍報道課への電話による取材のやり取りがそのまま掲載された[27]。東京ではこの日、毎日新聞が三回、朝日新聞、読売新聞が一回、号外を出した[28]。当時、夕刊はなく本格的な報道は翌日の朝刊に掲載された。六月二六日の読売新聞の一面トップの大見出しは「朝鮮の内戦・全面戦闘に

[21] 前掲『済州島四・三事件』、iv頁。
[22] 『朝日新聞』二〇一五年五月一八日夕刊（一〇面）「新聞と九条〈三〇〉 朝鮮戦争と再軍備一」。
[23] 『朝日新聞』一九五〇年六月二五日号外。
[24] 『二〇世紀放送史　上』日本放送出版協会、二〇〇一年、三〇〇頁。
[25] 前掲『朝鮮戦争全史』、一六〇頁。
[26] 「〝前線〟と捕虜収容所の取材」（日本新聞協会研究所『体験者に聞く　テーマ別戦後新聞史第二号《朝鮮戦争報道》』日本新聞協会、一九九八年、四三頁）。
[27] 『朝日新聞』一九五〇年六月二六日（一面）。
[28] 前掲「新聞と九条〈三〇〉 朝鮮戦争と再軍備一」。

突入す」「北鮮軍、急速に南下」であった[29]。

朝日新聞は六月二六日の社説で「三十八度線の危局」を分析し、二八日の社説では朝鮮半島における統一は「民族の切実な要望」だろうが「武力闘争を正当化する根拠はない。（中略）武器をおさめて原状復帰の途をとるべき」だと主張した。七月一日には大衆の苦しみには同情を禁じ得ないが日本はこの戦争とは「関係なき第三者の立場にある。（中略）いまの我々がかつての軍国主義日本の住人でないことを自ら心にいいきかせることをわすれてはならぬ。（中略）場合によっては、戦闘機の一機ぐらい我が本土に迷いこむようなことがないとは限るまい。戦火はなるほど近い。が、それはいまの日本の関わり得ないものである」と述べた[30]。

読売新聞は六月二六日の社説で「朝鮮の内戦と日本」と題して、朝鮮半島での戦闘は「抜きさしならぬ冷戦的背景を背負」った〝内戦〟だと捉えた。その上で日本はこれを「〝対岸の火事視〟し得ない」とした[31]。さらに、二七日にはこうした状況においては「永世中立とか軍事基地反対」といった「甘い考えを一掃せよ」と日本のとるべき立場を主張した[32]。

毎日新聞は六月二六日の社説で戦争が始まった経緯と背景を分析し、「戦火が全鮮に波及した場合、朝鮮民族の運命のみでなく、アジヤ〔ママ〕の動向にどうひびくか、（中略）朝鮮の統一が武力でなく平和的に解決される」ことを望むと述べた[33]。二七日の社説でも同様に「平和的解決を切望」した[34]。

このように朝日新聞、読売新聞、毎日新聞の主張は冷戦状況に対するスタンスに違いはあるものの、「〝対岸の火事視〟し得ない」という捉え方と日本はあくまで慎重な態度をとるべきだとする点は共通していた。一方で、朝鮮戦争に積極的に関わることを望む人たちもいた。在日韓国居留民団の福岡県本部だけでも七〇名に上る日本人の志願申出があり、「反ソ反共をとなえ中には実戦に経験があるとか、旧特攻隊員だとか、航空関係その他技術があるなど売り込むものもい」たという[35]。しかし彼らは受け付けられることなく帰された。またこのような日本人の志願に対しては「再度日本に戦火を招く結果にならないとだれが断言できよう。（中略）最後の日まで一たん捨てた武器を執ってはならない」と批判する投書もあった[36]。

日本共産党の機関紙『アカハタ』は、六月二六日、「朝鮮共和国軍」「全面的反撃を命令」「各

[29]『読売新聞』一九五〇年六月二六日（一面）。
[30]『朝日新聞』一九五〇年六月二六日（一面）、六月二八日（一面）、七月一日（一面）。
[31]『読売新聞』一九五〇年六月二六日（一面）。
[32]『読売新聞』一九五〇年六月二七日（一面）。
[33]『毎日新聞』一九五〇年六月二六日（一面）。
[34]『毎日新聞』一九五〇年六月二七日（一面）。
[35]『朝日新聞』大阪本社版一九五〇年六月三〇日（三面）。
[36]『朝日新聞』西部本社版一九五〇年七月四日（二面）。

所で韓国軍の侵入撃退」などの見出しのもと、「韓国軍から発砲」「共和国軍七カ所で進出」「李承晩日本へ亡命準備か」「〝統一〟さまたげる李承晩に鉄槌」「人民解放へのノロシ」というように朝鮮民主主義人民共和国の発表に沿った報道をした[37]。だが党としての態度表明は示さなかった。少し前の六月六日にはGHQの命令により共産党の幹部二四人は公職追放に処せられ、七日には『アカハタ』編集部の一七人が同じ処分を受けていた。また徳田球一、野坂参三らの主流派幹部が地下に潜ることは決定しており、残った臨時中央指導部の動きは慎重だった[38]。それでも上記報道に対してGHQは直ちに反応し、六月二六日、マッカーサーは『アカハタ』に三〇日間の停刊を命じた。停刊命令の解除直前の七月一八日、発行停止は無期限に延長された。

朝鮮半島に二つの国家が成立し、その翌年一九四九年一〇月一日に中華人民共和国が建国されたことは、日本の占領政策を非軍事化と民主化から経済復興と反共の防壁へと大きく転換させた。そこには東アジアにおける共産主義の拡がりを日本には浸透させまいとするアメリカの強い意思があった。この間に朝鮮半島では先述した通り、信託統治をめぐってアメリカとソ連の間での交渉が不調に終わり、アメリカがこの問題を国連に持ち込み、国連の監視下での選挙を朝鮮半島の南側だけで一九四八年五月一〇日、実施した。この選挙への抗議行動は各地で起きたが、とりわけ大阪の在日朝鮮人の多くが出身である済州島において単独選挙に反対する武装蜂起（四・三事件）があったことから、ＧＨＱは在日朝鮮人による日本国内での抗議行動が朝鮮半島でのこうした動きと結びつくことを極度に恐れた[39]。一九四九年には団体等規正令の適用により在日本朝鮮人連盟（朝連）は解散に追い込まれている。日本の左派の運動に対しても、当時議席を大幅に増やしていた日本共産党の党員とその同調者だと見なされた人びとが職場を追われる「レッド・パージ」が断行された。

他方で、一九五〇年一月のコミンフォルム（共産党・労働者党情報局）機関紙に掲載された論文「日本の情勢について」[40]によって日本共産党はこれまでの「平和革命論」を否定され、アメリカ占領軍との対決を迫られていた。この論文は「ソ連共産党国際部内で準備され、スターリン、モロトフが加筆したといわれる」[41]ものであった。中国もこれに同調した。ソ連共産党と中国共産党との間では「米ソ関係など戦略的問題はソ連共産党が担当するものの、アジアで

［37］『アカハタ』一九五〇年六月二六日（一面）。

［38］前掲『朝鮮戦争全史』、一六〇頁。

［39］水野直樹・文京洙『在日朝鮮人　歴史と現在』岩波書店、二〇一五年、一一四〜一一五頁。

［40］日本共産党中央委員会五〇年問題文献資料編集委員会編『日本共産党五〇年問題資料集』第一巻、新日本出版社、一九五七年、一〜三頁。

［41］下斗米伸夫『アジア冷戦史』中央公論新社、二〇〇四年、五八頁。

の共産党への指導、解放運動の舵とりは中国共産党に任せるという決定」がなされていた[42]。「この決定により中国共産党はアジアの共産党・労働党のなかで特権的かつ指導的な地位を占めることになり、北京がアジアにおける国際共産主義運動の策源地となった」。このような状況のもとで出された前述の論文は、「アジアの国際共産主義運動のこの時期に成立してきた新たなフレームワークのうちに日本共産党を位置づけなおすことを意図した」[43]ものだったと理解することができる。

しかしこれを受けた日本共産党は動揺した。この批判への対応をめぐっては、「当初は「所感」[44]を発表してこの批判から距離をとったものの後にはスターリン・毛沢東の信任を得た所感派=主流派と、当初から国際批判を受け入れたがかえって主流派と対立することになった国際諸派との、分裂状態に陥ることとなった」[45]。

その後一九五〇年六月六日、占領軍との対決姿勢を強めた日本共産党の中央委員二四人はマッカーサーにより公職を追放される[46]。このようにして朝鮮半島、中国、日本の動きを断片的ではあるが追ってみると、この時期の東アジアに冷戦構造が確実に形成されつつあったことがあらためてよくわかる。

朝鮮戦争への日本の関与

一九五〇年六月二七日、アメリカは参戦を決定する。福岡からアメリカの軍用機が大きな爆音を上げて飛び立った[47]。日本政府は沈黙を守っていた。官房長官もいかなる談話も出していない。ただ警視総監が「治安は万全だ」、「流言飛語に迷わされるな」という談話を出しただけだった[48]。政党各党も沈黙していた。

七月七日、国連の安保理では国連軍の結成が決議された。七月八日の午前九時すぎ、外務省の木村四郎七連絡局長にGHQの民生局次長が、二枚のメモを手渡した。そこには「日本の社

---

[42] 前掲『アジア冷戦史』、四八頁。
[43] 前掲「東アジア現代史のなかの「小野日記」」、二四八頁。
[44] 日本共産党中央委員会政治局「「日本の情勢について」に関する所感」(『日本共産党五〇年問題資料集』第一巻、四～五頁)。
[45] 前掲「東アジア現代史のなかの「小野日記」」、二四八～二四九頁。
[46] 前掲『在日朝鮮人　歴史と現在』、一二〇頁。
[47] 前掲「新聞と九条〈三〇〉　朝鮮戦争と再軍備一」。
[48] 『朝日新聞』一九五〇年六月二七日(二面)。

会秩序維持を強化するため、現有一二万五〇〇〇人の警察隊に七万五〇〇〇人のナショナル・ポリス・リザーブ（National Police Reserve）を設置するとともに、八〇〇〇人の海上保安官を増員するよう必要な措置を許可する」と書かれていた。これが日本の再軍備を決めた「マッカーサー書簡」であり、実質的な命令だった[49]。

すでに述べたように、ＧＨＱは占領期において絶対的な権力者であった。正式の命令は覚書あるいはセクション・メモの形で日本政府に伝達されたが、日本人を呼びつけたり自分から出かけて行って指示や示唆を口頭で伝える場合もしばしばあった。日本側が暗黙の抵抗をしたりすると「指令か命令に切り替える」と脅迫することさえあった[50]。

首相の吉田茂は岡崎勝男官房長官らと相談した。そして、ナショナル・ポリス・リザーブを「警察予備隊」と翻訳することに決めた。そのことはこの日の正午すぎにはＧＨＱに報告された。日本の再軍備はわずか三時間で決定された[51]。

「警察予備隊」に与えられた役割は、朝鮮に出動するアメリカ軍の代わりに米軍基地を警備し、同時に国内の共産主義勢力からの攻撃に備えることであった。すなわち朝鮮戦争に日本を対応させる方策であったが、このようなことが占領軍司令官の指令によって勧告されるのは異常なことだった[52]。

七月二一日、ＧＨＱの民生局長ホイットニーは「これは普通の警察ではない。内乱が起きたり、外国の侵略があった時に立ち向かうもので、隊員に将来は大砲や戦車を持たせることになる」と説明した。この説明を聞いた岡崎官房長官は初めてこれが軍隊の卵であることを理解した。国会での審議もないままに警察予備隊令は八月九日に出された。こうしてカービン銃に始まり、すぐにM二四戦車が供与されるといった表向きは警察、実質的には軍隊といういびつな形での日本の再軍備は始まった[53]。このように重大な転換は短時間のうちになし崩し的に決定したのである。

日本政府が朝鮮戦争への正式な態度を表明したのは七月一四日であった。その日、衆議院での施政方針演説で吉田首相は次のように語った。

「北鮮共産軍が三十八度線を越えて南鮮に侵入」した「この突発事件は決して対岸の火事ではないのであり」、「共産勢力の脅威がいかにすでにわが国周辺に迫っておるかを実証す

[49] 西村秀樹『大阪で闘った朝鮮戦争——吹田枚方事件の青春群像』岩波書店、二〇〇四年、八六頁。
[50] 梳澤陽二「朝鮮戦争と日本人船員　其の二」(『海員』全日本海員組合、二〇〇七年九月)、三九頁。
[51] 前掲『大阪で闘った朝鮮戦争』、八六頁。
[52] 前掲『朝鮮戦争全史』、一六四頁。
[53] 前掲『大阪で闘った朝鮮戦争』、八七頁。

るものであ」るとした上で、国際連合の行動は「軍備撤廃の結果、わが安全保障はいかにするか」という国民の懸念を払拭してくれたと主張した。そして、「わが国としては、現在積極的にこれに参加する、国際連合の行動に参加するという立場ではありませんが、でき得る範囲においてこれに協力することは、きわめて当然のことであると考えうるのでありますす」と述べた。そして「かかる事態に直面いたしまして、いまなお全面講和とか永世中立とかいう議論があ」るが、これは「現実から遊離した言論であ」ると述べた上で共産党系の運動は厳しく取り締まっていくという表明が付け加えられた。[54]

このように吉田は朝鮮戦争に「積極的」には参加しないが「でき得る範囲」で協力するという方針のその中味までは明らかにしなかった。だが、全面講和など論外であって共産主義と対峙していくのだということついては明確に語ったのだった[55]。

当時の日本社会では日本の国際社会への復帰をもたらす講和論議が盛んであった。東西両陣営のどちらにも与することなきよう共産圏を含むすべての国との講和を目指す「全面講和」と、そのような全面講和論は非現実的であり自由主義陣営のみと講和条約を締結すべきとする「単独講和」とに日本社会は二分していた。このような議論のさなかに朝鮮戦争は起こった。

朝日新聞では全面講和論が政治部内でも大勢を占めていた。しかし、当時、政治部員だった熊倉正弥によれば、「なかには、これは観念的な理想論にすぎず、実現不可能なことをとなえているものとみる空気もあった」[56]という。同じく政治部員で外務省を担当していた河村欣二はこう振り返る。「事態はどんどん単独講和で動いていた。（中略）私は個人的には、占領が無期限に続くのはかなわない、早く独立を回復する方が〝勝ち〟だと思っていた」[57]。講和論議の盛り上がりは、早く独立したい、占領が続くのはかなわない、という日本社会に広がる焦燥感を示していた。

国会では、日本政府の朝鮮戦争に対する態度が追及されていた。七月二六日の衆議院外務委員会では、共産党の渡部義通議員が占領軍司令官と国連軍司令官としてのマッカーサーの立場の違いを問うた。占領下日本での絶対的権力者であると同時に、朝鮮戦争においては国連軍司令官となったマッカーサーの立場は複雑だった。日本はマッカーサーの下で具体的にどのような影響を受けるのか。大橋武夫法務府総裁はこう答えた。マッカーサー元帥が国内で発するす

〔54〕 第八回国会（臨時会）吉田茂内閣総理大臣、施政方針演説要旨（一九五〇年七月一四日）『データベース「世界と日本」』。
〔55〕 前掲『朝鮮戦争全史』、一六四頁。
〔56〕 熊倉正弥『言論統制下の記者』朝日新聞社、一九九八年、三一六頁。
〔57〕『朝日新聞』二〇一五年五月一九日夕刊（一二面）「新聞と九条〈三一〉 朝鮮戦争と再軍備二」。

べての指令は、「国連軍総司令官としての資格に基くものではなく、連合国最高司令官としての資格に基くものであ」り、これに対して「日本国の政府並びに私人はすべて迅速かつ誠実に服従する義務を負うているわけであります」[58]。だが、それでは結果として国連軍総司令官の指令下で「迅速かつ誠実に服従する義務」も生じてしまうのではないだろうか。

共産党の風早八十二議員がこの点を七月二九日の外務委員会で追及した。「指令に服従するといっても限界はないのか」と。これに対して大橋は「形式によってのみこれは判断すべきであって、実質的にこれを判断する余地を残すものではない」と答えた。「朝鮮問題に関して、国連に精神的に協力するということは、これは一般命令による指示を実行するということとは全然違い」、前者は「日本政府の一つの政策」であり、後者は「日本政府の義務」であると説明した[59]。憲法の枠組みのため国連軍にはあくまで精神的な協力にとどまるが、占領軍の命令には義務として従わざるをえないという、極めて苦しい回答であった。

朝鮮戦争への動員

朝鮮戦争への日本の「協力」、関与はすでに始まっていた。少し時間を遡って確認しておこう。海上保安庁は、一九五〇年六月二六日、全管区本部に治安維持を命じた。同日、第七管区保安部にはマッカーサーが直接、北九州の厳重警戒を命じた[60]。一〇月には機雷除去のため日本の掃海艇の出動が要請されることになる。

六月二九日には、運輸総局長が国鉄の各鉄道局長に通達を出し、兵員と軍需物資の優先的な輸送を命じた。戦争勃発後の二週間のあいだ、国鉄は臨時列車を二四五本、客車を七三二四両、貨車を五二〇八両動員した。この数字は、国鉄の軍事輸送史上最高のものだった[61]。船舶へも、病院へも協力要請があった。拒絶することは許されなかった。

このように具体的な動員が進む一方で、日本政府はようやく七月三日に関係閣僚会議、次官会議などを開いて防空措置、非常事態宣言の必要性、軍事行動への協力策などの検討を始めた。そして、四日の閣議で、アメリカの軍事行動への協力は差しあたり「行政措置の範囲内で」行うという方針を決めた[62]。だが実際には、国連軍に「精神的に」協力することにとどまるはずが、水面下で日本社会は戦時体制に組み込まれていた。

[58] 第八回国会衆議院外務委員会会議録第四号。
[59] 第八回国会衆議院外務委員会会議録第五号。
[60] 『朝日新聞』一九五〇年六月二七日（二面）。
[61] 日本国有鉄道編『鉄道終戦処理史』大正出版、一九八一年、二五八〜二六二頁。
[62] 『朝日新聞』一九五〇年七月五日（一面）。

報道規制のため、多くの人びとはこれらの関与に気づかないかあるいは広く共有することができなかった。しかし、抗議の意思を示す人たちもいた。労働者や学生の一部と在日朝鮮人の一部の人たちは、当事者意識を持って反米反戦運動に身を投じている。だが、占領下でそのような行動をとるには危険が伴った。検挙され、軍事裁判にかけられた人もいた[63]。

七月二四日にはマッカーサーが国連軍司令部を東京に設置すると宣言した。戦闘機は、朝鮮半島に向けて日本国内の一五のアメリカ空軍基地から出撃した。爆撃機B29の出撃基地は横田基地（東京）、イタミ・エアベース（大阪、兵庫）が中心となった[64]。嘉手納基地（沖縄）にもB29が配備された。七月一四日、横田基地からはB29、一〇機が九分間隔で飛び立って全州（チョンジュ）近郊の朝鮮民主主義人民共和国の軍を爆撃した。一六日には嘉手納から飛び立った四七機がソウルの操車場を爆撃した。八月初めにはさらにアメリカからB29の部隊がやってきた。第九八爆撃大隊が横田に、第三〇七爆撃大隊が嘉手納に到着した。八月半ばにはすでに横田と嘉手納には九八機のB29が集まっていた[65]。

このように出撃基地になるということは周辺に暮らす人びとからみれば軍事的な被害と隣り合わせになることを意味していた。B29の墜落事故は頻発した。一九五〇年一〇月、福島県で墜落が起きた。五一年には立川基地近くの砂川中里集落への墜落で民家一〇〇戸余りが全焼した。五二年には埼玉県金子村に墜落し住民など一七名が亡くなった[66]。これは米軍機墜落事故のほんの一部であり、基地の周辺ではこのような墜落事故による住民の被災が繰り返し起きた。また出撃基地周辺地域は攻撃の対象となることも想定された。このためアメリカ軍基地は警戒態勢をとっていた。実際に一九五〇年六月二九日には福岡県の「小倉・八幡等」に警戒警報が出されたという小さな記事が翌三〇日の朝日新聞の一面に掲載されている。このような状況から「灯火管制」が実施された基地周辺地域は少なくなく、その一つであった沖縄では、「一般的に、体験からくる反応として、朝鮮戦争と言えば「灯火管制」がイメージ」[67]されたという。

朝鮮戦争が始まった直後、日本にあった多くのアメリカ軍キャンプはしばらく空っぽになっていたが、やがてアメリカ本土から増援軍がやってきた。そして日本で態勢を整えると次々に

[63] 詳しくは以下を参照のこと。道場親信『下丸子文化集団とその時代 一九五〇年代サークル文化運動の光芒』(みすず書房、二〇一六年)、小野信爾著・宇野田尚哉他編『京大生小野君の占領期獄中日記』(京都大学学術出版会、二〇一八年)。

[64] 前掲『大阪で闘った朝鮮戦争』、一一九頁。

[65] 前掲『朝鮮戦争全史』、一六二〜一六三頁。

[66] 前掲『大阪で闘った朝鮮戦争』、一一九〜一二〇頁。

[67] 若林千代「朝鮮戦争と沖縄――「知られざる戦争」を越えて」(『PRIME』四三号、明治学院大学国際平和研究所、二〇二〇年三月)、二三頁。

朝鮮半島へ出動していった。しばらくすると今度は負傷した兵が朝鮮半島から送られてきて日本各地の野戦病院に収容された[68]。国連軍は日本中に一四の野戦病院を開設した。東京の大東亜病院（現在の聖路加国際病院）は第四二ゼネラル・ホスピタルと呼ばれた。大阪の日赤病院は大阪アーミー・ホスピタルだった。朝鮮戦争の激化に伴って、福岡県志賀村西戸崎《さいとざき》（現在は福岡市）には第一四一兵站病院が開設された[69]。

朝鮮半島の戦線に出動した兵は五日間の休暇をもらうと日本に戻ってきた。このようなアメリカ兵の「休養と快復〔ママ〕を与える施設」としてＲＲセンター（Return/Rest & Recreation Center の二つの表記が見られる）というアメリカ軍公式の施設がつくられた。例えば、一九五二年五月一日に大阪市から移転してきた奈良市横領町のＲＲセンターには、伊丹飛行場から休暇中の兵が訪れた[70]。そこには日本人が経営するキャバレーとギフトショップがつくられ、一九五二年の五月から八月の間に四五軒、その半年後には七五軒にまでに増えた[71]。

このようにすでに日本は実質的に朝鮮戦争に関与していたが、さらにそれは進められていった。当時の政権のどのような判断が、そのようなことを可能にしたのだろうか。一九五〇年八月一九日に発表された文書「朝鮮の動乱とわれらの立場」によって、外務省は朝鮮戦争への日本の正式な態度を表明している。そこではこの戦争により「二つの世界」が共同で日本の安全を保障しえなくなったのだから、共産主義世界に屈服するか、国連に協力してその安全保障のもとに立つかのいずれかしかないといった認識が示された。吉田首相は八月二九日のマッカーサー宛の書簡で密かに「マッカーサーの必要とするいかなる施設、労務をも提供する。しかし、それ以上の協力は残念ながらできない」という日本の立場を伝えた[72]。

他方で朝鮮戦争は講和の契機となった。冷戦状況の深刻化を前にしたアメリカは日本をパートナーにしようと、単独講和を急いだのである。その結果、日本は、一九五一年九月八日にアメリカを中心とした連合国との間に講和条約を、アメリカとの間に日米安全保障条約を締結して国際社会に復帰した。同時に交わされた「吉田・アチソン交換公文」では、これまでの国連軍への支援を追認し、講和条約発効後も国連軍を支援することを日本は受け入れた。その後、国連軍司令部は一九五七年七月に東京からソウルに移され、日本国内には、今度は後方司令部が置かれた。開設以来、後方司令部はキャンプ座間にあったが、二〇〇七年、横田飛行場へ移

[68] 前掲『朝鮮戦争全史』、三二八頁。
[69] 前掲『大阪で闘った朝鮮戦争』、一〇五頁。
[70] 茶園敏美「映画『狂宴』にみるおんなたちの声――奈良RRセンター周辺の場合」(『待兼山論叢 日本学篇』第三三号、大阪大学大学院文学研究科、一九九九年)、四九頁。
[71] 猪俣浩三・木村禧八郎・清水幾太郎編著『基地日本――うしなわれいく祖国のすがた』和光社、一九五三年、一六二~一六三頁。
[72] 前掲『朝鮮戦争全史』、一八七頁。

転した。

しかし、このような朝鮮戦争への動員の実態は当時の日本社会の多くの人びとには知らされていなかった。全国的に知られるようになるのは数年後のことである。占領下における検閲はすでに一九四九年に廃止されてはいたが、朝鮮戦争に関しては軍事上の観点からGHQは再び報道に制限をかけていた[73]。

とはいえ、日本における朝鮮戦争への動員がこれほどまでに凄まじい速度でしかも基地のある地域を中心にあらゆる形で行われていたとなると、ある程度の人びとが部分的ではありながらも、かなり身近な出来事として朝鮮戦争を捉えていたのではないかとも思われる。

朝鮮戦争と特需——日本社会の人びとの動揺と歓喜

では朝鮮戦争の勃発を知ってから日本社会の人びとは朝鮮戦争をどのように受け止めていったのだろうか。一九五〇年九月二一日から二四日にかけて朝日新聞は朝鮮戦争に関する世論調査を実施している。この調査をもとに当時の人びとの意識に接近してみたい。世論調査の結果は十一月八日と一五日の紙面に掲載された。

十一月八日の紙面には、「朝鮮事変を契機としてわが国はいろいろ重大な問題に直面しているが、とくに国連協力、対日講和、軍事基地、軍隊創設とその他国内的にも当面する諸問題が国民の関心事となっている」とした上で、はじめに『朝鮮事変と国連協力』に対する調査結果が伝えられた[74]。

最初の設問は「国連（国際連合）がどのようなものか知っているか」だった。五四・二％の人が「知っている」と答えた。「知っている」と回答した人へはさらに「現在の国連を支持するか」が問われ、「強く支持」、「ある程度支持」はそれぞれ約四割ずつで合計八〇・八％が支持していると答えた。さらに興味深い質問が次である。「朝鮮事変が起ってからあなたの国連に対する考え方は変りましたか」に対して二六・一％が変わったと回答しており、そのうちの六七・〇％が国連への信頼や期待を高めたと答えた。

では、朝鮮戦争における国連の態度を受けて、どのような観点から信頼や期待を高めたのであろうか。それは、「国際連盟と違って実行力をもって」おり、「実力で平和を守ることがわかった」からだという。さらに「日本の安全も国連に保障してもらえる」という理由から信頼感が

[73] 例えば一九五〇年七月六日付の『新聞協会報』には、「軍機保持はプレスの責任」というＧＨＱの覚書が掲載されている。
[74] 『朝日新聞』一九五〇年十一月八日（一面）。

増すようになったという回答もあった。一方で、失望感を表した意見もあった。「米ソの深い対立を感じ」て「国連のやり方が一方的だ」とか、あるいは「事変処理における国連の不手際」からその「団結を疑い」、「何か信頼できなくなった」り、「期待はずれだ」と感じたというのがその理由であった。

次に「朝鮮事変について、国連に協力すべきか否か」という質問に対して、「協力すべき」と答えた人は五六・八%、「すべきでない」は九・二%であった。

こうした国連への世論調査結果を見ると、国連がどういうものかを知る人は約半数ほどではあったが、その人たちの中に国連に対する大きな期待があったことがわかる。敗戦後の日本に軍隊はなくなったが、国際社会の状況は敗戦直後からは変化しており次第に新たな戦争態勢ともいうべき冷戦状態を迎え、すぐ隣の朝鮮半島では戦争が始まった。このような状況を認識していた日本社会の人びとにとって、国連が「実力で平和を守る」姿勢を見せたことが国連への信頼度を高めることにつながったのも想像に難くない。

だが、同じ状況を別の形で捉えている人びともいた。つまりアメリカとソ連との対立が国連にも影響を与えていると見たときに、一方的な態度にも見える国連には信頼をおくことはできないというように。このように、国連のあり方を従来のままに見るのか、そうではなくて従来とはありかたが変わったと見るのかの違いは、回答者の冷戦状況の捉え方と関係していた。

同じ世論調査の結果をもとに、十一月一五日の紙面では『講和と日本再武装』に焦点があてられた。まず講和の方式について、次の二つのうちどちらがよいと思うかが問われた。「米ソ間の不一致が解決するまで講和条約の締結をのばしますか（全面講和）。それとも米国および親米的諸国間との単独講和に賛成しますか」。回答は、「単独講和」が四五・六％、「全面講和」は二一・四％、「わからない」が三三・〇％であった[75]。同じ内容の設問は前年の一九四九年十一月の世論調査にもあったが、その際には五九・〇％が「全面講和」、二一・〇％が「単独講和」という回答だった。一年で結果が逆転したことになる。

一九五〇年の調査には「朝鮮戦乱は日本にとってあなたの結んでほしいと思う講和条約を早めると思いますか、それとも影響しないと思いますか」という設問もあった。これに対する回答は「早める」四五・九％、「遅くする」一五・〇％、「影響しない」四・八％、「わからない」三四・三％だった。多くの人びとは朝鮮戦争が講和条約に大きな影響を与えると認識しており、だからこそ講和への態度に揺れが生じたのだろう。この調査結果からも、国連（軍）と講和に対する人びとの態度には冷戦状況をどのように捉えるかが関係していたが、その冷戦状況が朝鮮戦争によって深刻化している点はほぼすべての人に共有されていたということができるだろ

[75]『朝日新聞』一九五〇年十一月一五日（一面）。

う。

再軍備については、「賛成」五三・八％、「反対」二七・六％、「わからない」一八・六％と半数が再軍備に賛成しており、また講和後のアメリカへの基地提供については「賛成」二九・九％、「反対」三七・五％、「わからない」三二・六％と回答している。「反対」が最も多いが、それでも大きな差はなくほぼ同じ割合に分かれている。反対の理由は多岐に分かれたが、最も多かったのは「戦争に巻き込まれるから」三一・〇％であった。「空襲や戦場になるおそれがあるから」一三・〇％と「戦争に反対だから」六・〇％とを合わせると、戦争や戦場になるのを避けたいという回答が半数だったことになる。

このアメリカ軍基地に対する回答は人びとのどのような心情によるものなのだろうか。この調査結果に再軍備へのもう一つの回答を合わせ見ながら考えてみたい。再軍備に関しては「国外どこにでも派遣されるべきか」、「防衛するだけに止めるべきか」という設問があり、これに対しては「日本防衛のみ」七三・九％、「国外に派遣」一八・五％、「わからない」七・六％で圧倒的に防衛のみを求める回答が多かった。

これらの再軍備とアメリカ軍基地に関する設問への回答から当時の人びとの心情を推測すると、まずアメリカ軍基地が残ることにより再び戦争に巻き込まれることは避けたいという意識ははっきりと示された。だが同時に、すぐ近くで戦争が起きている状況において日本には防衛の手段が存在しないことへの不安感も感じ取ることができる。それは再軍備への賛成が多かったこと、そのうち防衛に限定した回答が圧倒的に多かったことに現れていた。またアメリカ軍基地が残留することについては反対が最も多かったとはいえ、賛成と「わからない」との差はほとんどなかった。つまり、これらをあえてまとめてみるならば、以下のようになるだろう。現時点では日本に防衛のための軍はいない。そのようなときにアメリカ軍が全て撤退するのは不安だ。また自国の軍隊を創設するとしても力を持たれすぎても困る。このような回答結果には、数年前までの戦争への後悔と新たな戦争への恐れの入り混じった人びとの心情が表れているといえるのではないだろうか。

ここまで、朝鮮戦争が起きた当時の日本社会の人びとが朝鮮戦争をどのように捉えていたのかを見てきた。あらためて振り返ってみたい。

一九五〇年九月の朝日新聞による世論調査からは、人びとが朝鮮戦争をどのように捉えていたかについて二つの特徴が見えてきた。一つは、国連（軍）と講和に対する態度に見られたように、冷戦状況の深刻化と関連付けて受け止めていたということである。当時、日本政府もメディアの報道もそのような切り口で伝えていたし、外務省の発表した「朝鮮の動乱とわれらの立場」においては明確に、「われわれの進むべき道は二つに一つしかない」と述べられていた。

このような認識は人びとに大きな影響を与えただろう。冒頭で見た、朝日、読売、毎日各紙の社説での分析とそれを基にした日本の取るべき態度への提言に象徴的なように、当時の日本では、朝鮮半島での二つの「国家」の戦争は冷戦の枠組みで理解されていたし、武力による解決は避けるべきものだという視点で見られていた。

人びとにとっての朝鮮戦争のもう一つの捉え方は、ほんの五年前まで身近にあった戦争の再来に対する強い忌避感情を掻き立てる存在として受け止めていたということである。実際にアメリカ軍の空軍基地周辺では戦闘機の墜落事故が起こり、灯火管制が実施された地域もあった。その他にも日本各地では様々な形で朝鮮戦争への動員が行われたのだから戦火の再来を想起する人も一定程度いたであろう。

他方で、朝鮮戦争は空前の経済活況をもたらしもした。それまで倒産や失業にあえいでいた日本社会の人びとにとってはそのような苦境から「救済」してくれる存在とも感じられたのである。在日アメリカ軍を主力とした国連軍は日本で軍需物資や各種のサービスを調達した。このいわゆる「特需」は巨額に上り、のちに日本政府が「動乱（朝鮮動乱：引用者）は、日本経済の回生薬であった」[76]と総括するように、日本経済にブームをもたらした。なかでも金属と繊維業は急速に伸び、自動車業界は国連軍のほか、発足まもない警察予備隊からの発注も受けて息を吹き返した。それまでの日本社会はＧＨＱの経済顧問であるジョゼフ・ドッジが立案した財政金融引き締め政策（ドッヂ・ライン）の実施によって倒産や失業にあえいでいた。そのような苦境から「朝鮮特需」は「救済」してくれたと日本社会の多くの人びとは思ったのである。

だが、それは別の面から見れば戦争への加担を意味するものでもあった。例えば、全国すみずみまで張り巡らされた国鉄は米軍の戦時輸送に不可欠な役割を担ったし、日本製の自動車は朝鮮の前線で使用された。そのほかにもここまで見てきた日本における動員体制は戦争を支えるためのものだったのである。

朝鮮半島では多くの人びとが逃げ惑い、家と家族を失っていた。戦線は南北に移動し、国家もしくは支配勢力が変わり続けるという過酷な状況のなかで、自分自身と家族の生存のために人びとは苦悩と緊張と恐怖と貧困の中にいたのである[77]。しかし、そのようなことは同時期の日本社会ではほとんど語られることはなかった。朝鮮戦争のこうした側面は当時の日本社会の人びとのなかではほとんど想像されることはなかったのである。

最後に紹介した世論調査の結果からだけでは、朝鮮戦争下にある人びとや朝鮮半島を出自とし日本に暮らした人びとの状況や心境に対して、日本社会の多くの人びとの思いが及ばなかっ

[76] 経済企画庁『戦後経済史』東洋書林、一九九二年、三二〇頁、三二五頁。
[77] 金東椿著・金美恵ほか訳『朝鮮戦争の社会史　避難・占領・虐殺』平凡社、二〇〇八年。

たその要因や背景を探ることまではできない。だが、そこへいたる回路を探すために一九五〇年当時の日本社会の人びとの朝鮮戦争の受け止め方を見てきたことによって、私は次のようなことを考えるようになった。それは自分以外の、あるいは自分の生活圏から離れた人——他者——のことを想像するとはどういうことか、ということだ。

一九五〇年当時には日本の人びとの多くは朝鮮戦争の状況や日本における動員の実態など具体的な事実については知りえなかったし、その後も明らかにされるまで長い時間を要した。それでも想像を巡らすということはできただろう。私はここで想像を巡らすことがなかった人のことを咎めたいわけではない。しかし、もしそうすることができていたら、できる人が多かったら、少なくとも朝鮮戦争の語られ方は今とは違うものになっていただろう。そのように思ったとき、想像するとはどういうことか、想像することができないとはどういうことなのか、そのようなことをあらためて考え始めたのである。このことについては、次のパートで私自身の体験を通して具体的に考えてみたいと思う。

II 地域と記憶

［前扉写真］
アメリカ海軍航空母艦の艦載機が撮影した中島飛行機武蔵製作所周辺
（企画展「戦争と武蔵野Ⅵ」パンフレット〔武蔵野ふるさと歴史館〕より）

第四章　武蔵野から朝鮮半島を考える

新潟港を出航する帰国船クリリオン号（1959年12月14日）

二〇一五年に「むさしの科学と戦争研究会」（以下、研究会）という東京・武蔵野市で活動する市民グループ主催の会では先に述べたように三宮克己さんをお呼びして、朝鮮戦争の従軍体験について話していただいた。その年は、かつて日本が植民地統治をしていた朝鮮半島において解放後に成立した二つの国家のひとつである大韓民国（韓国）と日本との間に日韓基本条約及び諸協定が調印された一九六五年から五〇年目の年だった。この年に研究会では「朝鮮半島と日本」との関係の再検討を試みることに決めた。

戦後の日本社会では朝鮮半島に対する植民地支配の日本の責任についてきちんとした議論がなされてこなかった。一九九〇年代以降に提起された戦後補償裁判の中で植民地支配により被害を受けた人びとも声を上げたことで、厳然たる被害の事実を日本社会の人びとはつきつけられ植民地支配に対する責任への応答を迫られることになった。しかし、それ以降も植民地支配による被害当事者に対する補償の問題や、在日朝鮮人への差別の問題などは積み残されているし、さらに、韓国とは国交を結んだものの朝鮮民主主義人民共和国との国交正常化交渉はいまも途絶えたままである。これらの積み残された問題を市民のなかで考えてみることはできないか。そのような思いで「朝鮮半島と日本」（との関係の再検討）をテーマとしたのであった。その最初の企画として、第一章で紹介したように、二〇一五年二月二八日に「朝鮮戦争従軍記〜日本は朝鮮戦争で何をしたか〜」というテーマで三宮さんにお話ししていただいた。この会ではこのほかに韓国・朝鮮人ＢＣ級戦犯[1]の問題についても別の方にお話ししていただき、最後に主催者のひとりである私も「帰国事業」について報告した。この年はその後も「朝鮮半島と日本」の関係を再検討するために上映会や講演会、フィールドワークを行うことになる。もともと研究会では取り組むテーマをその都度設定してきたが、二〇一五年に「朝鮮半島と日本」（との関係の再検討）をテーマとしたのは、前年に行なった小さな読書会での私の報告がきっかけだった。

その読書会では研究会のメンバー五人がそれぞれに印象に残った本についてごく短い時間の

[1]　日本による植民地支配下にあって日本軍の軍属として捕虜収容所の監視員となった朝鮮人の中には、「日本人」として「捕虜虐待」の罪などに問われＢＣ級戦犯として裁かれた人びとがいた。彼らは植民地支配の被害者でありながら、その一方でサンフランシスコ講和条約が発効され日本が独立すると、「外国人」として援護対象からは外された。詳しくは以下を参照されたい。内海愛子『朝鮮人ＢＣ級戦犯の記録』岩波書店、二〇一五年。

報告をし、そのあとに参加者全員でディスカッションをした。私は、テッサ・モーリス＝スズキが機密解除されたばかりの赤十字国際委員会の文書をもとに「帰国事業」[2]について著した『北朝鮮へのエクソダス――「帰国事業」の影をたどる』[3]を取り上げ、「帰国事業」に対して日本社会が向ける冷ややかな眼差しへの個人的な違和感について話した。「帰国事業」とは日朝両政府の了解のもと日本の赤十字社と朝鮮民主主義人民共和国の赤十字会による帰国協定に基づいて、一九五九年一二月から一九八四年まで実施された（四年間の中断を含む）延べ九万三千三百四十人もの在日朝鮮人とその縁者となる日本人（や中国人）が日本から朝鮮民主主義人民共和国へ渡った「事業」のことである[4]。当日のディスカッションは思いのほか盛り上がったが限られた時間にうまく話しきれなかったこともあり、研究会のメンバーから再度、同じテーマで話してみてはどうかとアドバイスを受けた。そして二度目の報告を行う場となったのが二〇一五年二月の会だった。今から振り返れば、このときのことをきっかけにそれ以降、自分の暮らす地域にある様々な記憶の痕跡が私の中でフォーカスされるようになっていった。そのプロセスは、前章の最後に述べた、時間的にも空間的にも隔たりのある人たちあるいは出来事について想像するということを考える上で重要な契機だったといえる。

「帰国事業」の痕跡との遭遇

はじめに「帰国事業」に対する日本社会の眼差しにおいて私が感じた違和感とはどのようなものだったのか示しておこうと思う。この「事業」に関わったアクターは国家、団体、個人というように多様であり、さらにそこには様々な思惑があったのだが、そうした事実関係よりも次のようなことに報告では力点を置いた。それは、そのような経緯を振り返ることなく、「いま・ここ」にある視点だけで「帰国事業」について語られることへの違和感とそこにひそむ問題についてであった。最初の帰国船が朝鮮民主主義人民共和国の清津（チョンジン）港へ向けて新潟港から出航したのは一九五九年一二月一四日のことだった。つまりそれははるか昔のことであり、当時を知る人は別にして詳しい事実が知られていないのは仕方のないことだといえる。しかし、現在の日本社会では歴史的な背景を想像することもないままに「帰国事業」によって

［2］日本では「帰国事業」「帰還事業」というように主に二つの呼称があった。政府資料などでは「帰還」とされたが、当事者たちは一般的に「帰国」を多用したということから、本稿では「帰国」を用いることにする。

［3］テッサ・モーリス＝スズキ『北朝鮮へのエクソダス――「帰国事業」の影をたどる』朝日新聞社、二〇〇七年。

［4］金英達・高柳俊男編『北朝鮮帰国事業関係資料集』新幹社、一九九五年、三四一頁。

北へ渡った人や、「事業」の実施のため熱心に帰国運動を展開した人びとに対してあまりにも当然のように冷ややかな眼差しを向けているのではないか。私の違和感とはそのことに向けられたものだった。報告では次のように述べた。

ここで私が問題にしたいのは、ひとがある出来事や他者について「知っているつもり」になることや、あるいは「こういうものだろう」とレッテルを貼ることがそこから先の他者との関係性の構築を阻んでいるのではないかということです。確かに、すべての出来事や他者に対してその背景や思いを想像するなど、そのように面倒なことをひとはなかなかしないものです。（中略）そのことを否定するつもりはありませんが、そのことに意識的になるかならないか、そこには大きな違いがあると思っています。

読書会のあった二〇一四年末より前の二〇〇八年にもまったく別の経緯で「帰国事業」にまつわる印象的な出来事が私の周辺で起きている。ある日、友人が「帰国事業」の記念碑が武蔵野市内にあるらしいが何か知らないかと私を含めた複数の市内在住者に問いかける場面があった。「まったく知らない」という人と、「存在は知ってはいたが、記念碑のあった武蔵野市役所が移転し、そこに市民文化会館ができたときにどうなったかわからない。一体今どうなっているのか?」と語る人もいた[5]。私自身はまったくその存在を知らなかった。生まれてから一〇歳まで武蔵野市に暮らし、その後二十数年のブランクを経て再びこの街に暮らすことになった私だったが、戦後まもなくよりこの街に住み続けた祖父母や母を通じて武蔵野市のことはそれなりに知っているつもりだった。それだけに「帰国事業」の記念碑がこの間ずっと存在していたのであれば、どうしてこれまで話題に上らなかったのかと不思議に感じたのを覚えている。しかもその記念碑は市民なら誰もが知っている場所にあったのだ。それなのにこれまで気にもかけられず、あるいは話題にも上らなかったのはやはり不思議なことだった。その後、その友人は市に問い合わせて記念碑の場所を確認している。たしか、その経緯も私は教えてもらった記憶がある。だが、私もそのうち現地に行って自分の目で確認しようと思いながら、しばらくはすっかり忘れてしまっていた。

そのことが再び気になり出したのは、二〇一二年に大学院に入学し日韓会談のことを勉強し始めたことがきっかけだった。日本と大韓民国による国交正常化に向けた交渉期間には実に一四年もの時間が費やされていて、その間にはそこでの交渉に直接、間接に関わる様々な出来事

[5] ここに示した経緯について私はうろ覚えだったが、友人はこのときのことを詳細に記録していた。その記録に助けられて私は記憶を再生することができた。

が起きていた。「帰国事業」もその一つであったことから必然的に私は先行研究を探してはこれまで知らずにいた複雑な経緯をひたすら学ぶことになった。ここでの学びによって、「帰国事業」に向けていたそれまでの私の意識は大きく変わった。その変化とは、ここまで時折述べてきたように国家や大きな組織ではなくてそこに関わった個人に関心が向くようになったということであるが、それ以前に、ここでも私は何も知らなかったのだということに気づかされていた。だからこそ、この「事業」によってその後の人生が大きく左右されたであろう個人に意識が向かないわけにはいかなかったのかもしれない。この事業が行われていく過程では葛藤や決心や後悔、あるいは推進や抗議や支援をした人びとがたくさんいたことをようやく私は「わかった」のである。「わかったつもり」でいた頃に比べてそこにははるかに複雑な状況があったことが見えてきた。そうすると、しばらく忘れていた自分の暮らす街にあるという記念碑のことが途端に気になり始め、どこにどのようにあるのか、この目で確認したいと思うようになっていった。

そして、二〇一五年の二月に「帰国事業」についての二度目の報告を行うときまでには私も記念碑を見つけていた。それは武蔵野市の公共施設である市民文化会館の敷地内にあった。記念碑は建物の前を通る五日市街道から比較的近い場所にあったが、低めのフェンスに囲まれているため通りからは見えないしアプローチもしづらかった。

帰国記念碑（筆者撮影／2015年2月）

現在、記念碑のある市民文化会館の建つ敷地にはかつて武蔵野市役所の庁舎があった。老朽化のため解体されて一九八〇年には新市庁舎が現在の場所に完成し市役所の機能は全てそこへ移転した。そしてその跡地は一九八四年に市民文化会館へと姿を変え今にいたる。

「記念　朝日友好永久親善　朝鮮民主々義人民共和国　歸國者植樹　一九五九年十二月」と、碑には刻まれている。

この記念碑が建てられたとき、武蔵野市民は「帰国事業」や記念碑のことをどのように受け止めたのか私は知りたいと思った。その当時の史料にあたっていると、『武蔵野市報』一九六〇年一月一日号に、「〝もくせいよ　かおれ〟」と題された記事を見つけた。武蔵野市に暮らしていた朝鮮半島出身の人びとから「帰国」の記念に木犀の木が贈られ、「〝香り高い木犀を植えて来る秋も花季を忘れないで香るように〟と一九五九年一二月十一日に市役所の門の傍に植えられ」た記念植樹の除幕式の様子が次のように書かれていた。

〝初めて祖国に帰るよろこびは何ものにも代えられません〟と目に涙して多くを語りませんが、家財を処分しみんないづれは帰国してしまう隣の国の人たちです。

〝これからもおたがいになかよくいたしましょう、市長さんはじめ皆さんも訪ねてきてください〟と帰国者一同の記念植樹の碑が伊豆青の根府川石《ねぶかわいし》（ルビ：引用者）に刻まれ、朝日友好永久親善を祈っております。[6]

記事の最後には、送る側の人たちがこのときのためにつくったという「国際結婚、帰国船、平和の鐘」をテーマにした歌が贈られたとあった。「祖国に帰るよろこび」を語る人たちと送る人たちの「友好」。この除幕式の場面に表れているのは双方の思いの中の一側面だろう。送られる側の人びとは右に紹介した言葉をどのような気持ちで語ったのか。また送る側にいた人たちはどうだったのか。

「帰国事業」を振り返る

従来、日本政府は「帰国事業」に対して消極的な態度だったとされてきた。つまり、朝鮮民主主義人民共和国からの要請と日本国内における超党派の帰国運動の盛り上がりを受けて、これを「人道問題」だと捉えて受け入れはしつつも、日本政府としては日韓会談中の韓国へも配慮せねばならず、よって赤十字国際委員会を通じた交渉を条件に事業の実施を承諾したのだとされてきた。しかし、日本政府は日本赤十字社（日赤）とともに一九五五年末ごろには在日朝鮮人を「追放」するという観点から、むしろ「帰国事業」に熱心だったことが、自身が発掘した赤十字国際委員会の文書をもとにしたテッサ・モーリス＝スズキの研究によって明らかとなった。だが、実際に「帰国事業」を実現していく上で日本政府がどのアクターよりも積極性

［6］　一四九頁の写真は二〇一五年二月に撮影したもの。このとき、この記念碑の近くにあった木が植樹されたものかと思ったが、のちに、一九五九年に植樹された木犀はもう存在していないとわかった。その後、二〇一七年に文化会館の改修工事に伴って記念碑は五日市街道に面した場所から建物の南側に移転した。それによりＪＲ三鷹駅と五日市街道を結ぶ「かたらいの道」からも見えるようになった。

を持っていたかどうかについては様々な議論がある[7]。すなわちこの「事業」計画の実施においてどこに主導権があったのか、また最終的にどのアクターの思惑が最も反映されたのかということについてはいくつかの見方があるのだ。しかし、この「事業」が冷戦構造を背景にその中での関係各国の利害関係によるいわば「合作」としてすすめられたものであることは明白である[8]。

日本政府が「人道問題」として「帰国事業」を推進する上で、その理論を提供したのは日赤の井上益太郎外事部長だった。日赤理事会は帰国問題を政治問題と切り離し、緊急解決を要する旨を一九五九年一月三〇日に満場一致で決議している。井上はここで次のように述べた。

> 日本には朝鮮人に対する綜合対策を研究実施する機関がなく、朝鮮人の生活を苦しいものにし、ついには居れないようにさえしておきながら、彼らがやむなく北鮮へ帰るのを――そして一旦北鮮へ帰れば、韓国へも日本へも戻つて来れなくなるわけだが――内心日本国内の治安改善又は負担の軽減と考えて喜ぶのは非人道の極みであつて、須《すべか》らく帰化を大幅に認め、暮しよくさせることこそ人道的であるという説がある。これも一種の帰国反対運動である。私は、この説を吐く人の誠実性に敬意を表したい。しかし、この説は実情を無視していると思う。問題は失業のしわよせが朝鮮人に集中しているということにある。

彼等の大半は日本経済が繁栄しようが――衰微すれば尚更のこと――失業を免れず、恒久的失業者層を形作つている。これは日本を去るより救済の途が無い。仮りにあつたとしても、到底急場に間に合うものではなく、問題は緊急処理を要する。捨てておけば病人や死人だつて出てくる。これは大変な人道問題なのである。[9]

このように井上は「恒久的失業者層」を形成する在日朝鮮人の生活改善を図ることは「実情を無視」したもので、彼ら彼女らが「日本を去る」ようにすることこそが唯一の「救済の途」だと述べている。このような捉え方には重大な問題があると思うが、しかし当時の在日朝鮮人

[7] 「帰国事業」に関する主な研究としては以下が挙げられる。テッサ・モーリス＝スズキ「特別室の中の沈黙――新発掘資料が語る北朝鮮帰還事業の真相」（『論座』朝日新聞社、二〇〇四年十一月）、前掲『北朝鮮へのエクソダス』、朴正鎮「帰国運動の歴史的背景――戦後日朝関係の開始」および「北朝鮮にとって「帰国事業」とは何だったのか」（高崎宗司・朴正鎮編著『帰国運動とは何だったのか――封印された日朝関係史』平凡社、二〇〇五年）。

[8] 黒河星子「一九五〇年代の在日朝鮮人政策と北朝鮮帰還事業――帰国運動の展開過程を軸に」（『史林』第九二巻第三号、史学研究会、二〇〇九年五月）、五二八頁。

[9] 日本赤十字社「在日朝鮮人の帰国問題はなぜ人道問題であり緊急処理を要するのか」一九五九年一月三〇日（前掲『北朝鮮帰国事業関係資料集』、三五頁）。ルビは引用者。

が「恒久的」に失業状態にあるなど困窮していたことは事実であった。

一九五六年四月二六日の朝日新聞には在日朝鮮人が「まともな就職口はほとんどとざされている状態」に置かれ、それが在日朝鮮人の生活保護率の高さにつながっているという記事がある。また、生活保護受給者の在日朝鮮人の中に日本人受給者に比べて「ゼイタクをしている者がいる」ことが当時の日本社会における在日朝鮮人に関する主要な問題となっていて、国会でも「生活保護の乱給」という形で取り上げられているという。さらに、厚生省の一九五五年末の調査によれば、約五六万人の在日朝鮮人のうち約二五％にあたる一三万九千人が生活保護を受けていて、これは日本人の受給率と比較すると一〇倍以上になると記事には示されていた[10]。こうした状況をふまえて、厚生省では生活保護率を日本人並みに引き下げる方針が打ち出され、日本政府は不当受給者の摘発を含めて在日朝鮮人の生活保護費の削減に注力していくことになる。このような動きは在日朝鮮人の日本での生活をいっそう困難にさせることになっていった。「生活保護受給」というのは「治安」とともに、メディアや国会で在日朝鮮人に関して論じられるときに多用されるワードだった。

戦後、日本政府は在日朝鮮人に対してどのような政策をとっていたのだろうか。少し遡って見ていこう。敗戦直後の日本には二〇〇万人以上の朝鮮人がいたが、その多くは朝鮮半島へと帰っていった。しかし一度朝鮮半島へ帰ったものの南北分断統治における混乱状況や日本からの持帰財産の制限などから生活基盤を築けずに、日本へ再び戻ってくる人たちやそもそも日本へとどまった人たちもいた。日本に再渡航してきたのは「正常なルートでは日本へ入国できずに「ひそかに日本への入国」をした人たちで、GHQはこの人たちを「密入国者」としつつも当初はそれほど重大には捉えていなかった。しかし、一九四六年五月に朝鮮半島の南半部でコレラが流行すると、「密入国者」への取り締まりが強化されるようになる。このようなGHQの方針を受けて日本政府は在日朝鮮人に対する退去強制権を獲得しようと動き出した。すでに日本政府は「不法行為を行った在日朝鮮人に対する強制退去権をSCAPに要求」していたが、「今度は、在日朝鮮人の不法入国に対するSCAPの関心が高まる中で、(中略)朝鮮人密入国者に対する日本政府の強制退去権をSCAPに要求」したのである[11]。

他方、日本への在留を選択した約六〇万人は、次に示すように戦前期や戦時期とは異なる生活条件に置かれていた。

[10]『朝日新聞』一九五六年四月二六日(三面)。
[11] 金太基『戦後日本政治と在日朝鮮人問題』勁草書房、一九九七年、二六四~二六五頁。「密入国」(「密航」)/「不法入国」「不法行為」という用語が占領期にどのように使われたのか、認識されたのかという点は非常に重要である。この点については以下を参照されたい。朴沙羅「『お前は誰だ!』――占領期における「朝鮮人」と「不法入国」の定義をめぐって」(『社会学評論』六四巻二号、日本社会学会、二〇一三年)、二七五~二九三頁。

敗戦直後の日本では、戦災と敗戦による軍需産業の停止、軍人・軍属の復員や在外日本人の引揚等により産業労働人口が急増した。その結果、戦前には朝鮮人にも就業の余地があった下層労働にも日本人求職者が殺到し、朝鮮人は基本的に失業状態となった。こうした中、朝鮮人の多くは、当面の生活のために闇市での取引を生業とした。[12]

このように厳しい生活環境にあったため、この時期の在日朝鮮人は「半永久的な在留を前提として生活安定を図」るための「生活権擁護運動」に取り組むことになる[13]。それは在日本朝鮮人連盟（朝連）とその後継団体である在日朝鮮統一民主戦線（民戦）によって展開された。民戦は日本共産党にできた民族対策部のもとで朝鮮戦争中の一九五一年一月に結成され、生活権の要求のほか日本の再軍備や天皇制、単独講和等にも反対するなど日本国内の内政改革を目指し、後述する出入国管理令・外国人登録法体制にも強く反発した[14]。一方で、権利擁護について直接的な行動をとるのではなく日本政府と協調し、本国政府の実力をもって解決すべきと考える在日本朝鮮居留民団（民団）のような団体もあった。民団は朝連が日本共産党と密接な関係を持ち左翼化するなかで、これに否定的な立場をとる在日朝鮮人の中から一九四六年一〇月三日に結成されている[15]。

一九五二年四月二八日にサンフランシスコ講和条約が発効し日本の主権が回復されるのと同時に、在日朝鮮人はそれまで有してきた日本国籍を喪失した。同じ日には外国人登録令（日本国憲法施行前日の一九四七年五月二日に公布施行された勅令）を改訂してつくられた外国人登録法が公布され即日施行されている。こうして日本政府は在日朝鮮人を外国人として直接管理し始め、すでに一九五一年に施行されていた出入国管理令との二本立てによって在日朝鮮人の退去強制の法的根拠を正式に確立したのである[16]。在日朝鮮人の退去強制への強い関心がすでに占領期より日本政府にあったことは先述の通りである。

こうした状況のなかで、日本政府がこれまでとってきた在日朝鮮人政策の限界を示す問題が発生することになる。日本政府は占領期の一九五〇年一二月から一九五二年四月までの間に韓

[12] 金耿昊「敗戦直後日本における朝鮮人への差別的偏見」（『歴史評論』二〇二一年五月号〈第八五三号〉、歴史科学協議会、二〇二一年四月）、五九頁。

[13] 同前、六二頁。

[14] 前掲「一九五〇年代の在日朝鮮人政策と北朝鮮帰還事業」、五三二頁。

[15] 鄭栄桓「「解放」後在日朝鮮人運動と「二重の課題」——在日本朝鮮人連盟を中心に」（五十嵐仁編著『「戦後革新勢力」の奔流——占領後期政治・社会運動史論一九四八－一九五〇』大月書店、二〇一一年）、三三五頁。

[16] 前掲「一九五〇年代の在日朝鮮人政策と北朝鮮帰還事業」、五三二頁。

国への在日朝鮮人の退去強制（強制送還）を七回実施していた。ところが講和条約発効以後、韓国政府は日韓会談で国籍問題が解決するまでは「不法入国者」以外の者、すなわち戦前からの日本居住者で「一年以上の刑に処せられたもの」、または刑罰法令に違反した者一二五名の受け取りを拒否したのである[17]。日本政府は日本に戻されたこの人たちを大村収容所に再び収容し、韓国政府に対しては受け取り要請を続けた。これに対して韓国側は戦前からの日本居住者の法的地位が未確定であることを根拠に刑罰法令違反による長期収容者の即時釈放を日本政府へ要求した。このような韓国政府の態度には在留資格を持つはずの在日朝鮮人を強制送還することへの批判が込められていたが、日本政府が逆送還された人びとを前述の通り再収容する措置をとったことからこの問題は日本国内でも大きな問題となっていった[18]。

大村収容所に収容されていたのは「不法入国者」および日本が退去強制者と特定した者であり、日本ではこの両者をいずれも退去強制者と捉えていた。すなわち講和条約発効以前の退去強制者は次の在日朝鮮人を対象としていたのである。①「不法入国者」、②ＧＨＱによる軍事裁判で有罪判決を受けた者、③外国人登録令に違反した者（同令によって「外国人」と見なされた在日朝鮮人には一般的登録義務が課されたがそれに違反した者）、④出入国管理令の退去強制事由にあった者（同令の退去強制事由には「不法入国」、外国人登録違反も含まれたが、それら以外の刑余者を「追放」するという主旨もあった）[19]。これらの退去強制者の対象について、日本政府は講和条約発効後も変更するつもりはなかったのである。

それとは別に長期抑留と過剰収容による「非人間的な取扱い」に対して被収容者たちによる抗議が噴出するなど、収容所の構造的な問題もこのタイミングで明るみとなった[20]。それはこれまでとってきた日本政府の在日朝鮮人政策とそれを「支えていた」退去強制という「追放」政策の限界を示してもいた。日本政府は韓国政府との間でこれ以降も退去強制者の受け取り拒否をめぐる応酬を続けたが、そこでは収容所にいる在日朝鮮人の置かれた厳しい状況については触れられることはなかった。しかし収容所の事態は深刻であった。

大村収容所(現在の大村入国管理センターの前身)の起源をたどると長崎県針尾島の佐世保引揚援護局針尾収容所（以下、針尾収容所）に求められる。本来、引揚援護局は引揚者・復員者の受け入れが主な業務ではあったが、「特異なことに、同局は密航者として捕らえられた者たちも収容した痕跡をとどめている」。針尾収容所が一九四六年六月に設置されたのは、同年の「三月頃

[17] 法務省入国管理局編『出入国管理とその実態』大蔵省印刷局、一九五九年、九三頁。
[18] 前掲「一九五〇年代の在日朝鮮人政策と北朝鮮帰還事業」、五三三頁。
[19] 挽地康彦「大村収容所の社会史（一）——占領期の出入国管理とポスト植民地主義」(『西日本社会学会年報』第三号、西日本社会学会、二〇〇五年)、九〇頁。
[20] 姜徹『在日朝鮮人の人権と日本の法律〈第三版〉』雄山閣、二〇〇六年、一三六頁。

から朝鮮半島からの密航者が急激に増加しており、検挙された密航者を収容する施設」が必要だったからであった。こうして佐世保の援護局には「不法入国者」の収容所ができたのである。しかし佐世保引揚援護局および針尾収容所は一九五〇年五月一日にその歴史を終える。そして同じ年の一〇月一日に外務省の下局であった出入国管理庁のもとに針尾収容所は針尾入国者収容所（外務省付属機関）として改組され、一二月の移転に伴って大村入国者収容所（大村収容所）と改称された[21]。一九五二年には法務省へ入国管理局が移行されたことに伴って収容所も移管された。大村収容所には出入国管理令と外国人登録法の違反者も収容されるようになるが、その役割は退去強制の対象者とされた人たちが送還までの間、留め置かれるための場所としてのそれであった。つまり「大村収容所は「刑務所」ではなく「船便を待つための施設」であり、被収容者も被疑者や受刑者ではなく（中略）入管令等に違反した「被処分者」」だというのが当局の見解であった。しかしその実態は「面会や通信を制限され、診療もままならず、また送還を拒否すればいつまで収容されるかもわからないというものであり、被収容者たちからは「刑期なき牢獄」と呼ばれていた」[22]。

強制送還の対象者はその出身地や政治信条にかかわらず原則として韓国へ送還されていたが、朝鮮民主主義人民共和国への送還を望む訴えが収容者からあがるようになる。一九五二年七月二六日の『社会タイムス』（左派社会党の大衆的機関紙）では「出入国管理法違反で長崎県大村収容所に収容されている朝鮮人たちから最近送還の執行処分取り消しを要求する行政訴訟が、つぎつぎと東京地裁に持ち込まれている」ことが報じられた。収容者の中には政治上の理由で韓国から逃れて「不法入国者」となった人、その多くが共産主義運動の結果、刑罰法令違反者となった人たちもいたが、その人たちは韓国に送還されれば、拘束され処罰の対象となる危険性があったのである[23]。

この問題は国会でも取り上げられた。一九五三年八月七日の衆議院法務委員会では日本社会党（以下、社会党）議員の岡田春夫と出入国管理庁長官の鈴木一との間に次のようなやり取りがあった。

岡田「（前略）約千名以上の収容者の中で、相当数の者が朝鮮民主主義人民共和国の方に帰りたいという希望を持つているらしいのであります。（中略）出入国管理令違反で韓国に帰されておる者が向うで相当殺されておるのです。（中略）こういう実例があるだけに、本人

[21] 前掲「大村収容所の社会史（一）」、九〇～九三頁。
[22] 同前、九三頁。
[23] 前掲「一九五〇年代の在日朝鮮人政策と北朝鮮帰還事業」、五三四～五三五頁。

の希望としては北鮮に帰りたいという場合には北鮮に帰してあげるのが、日本の国としては建前でなければならぬと思う（後略）」

鈴木「（前略）出入国管理令の建前から申しますれば、日本から退去して、出て行つてもらう、日本にいてもらいたくないということが主眼でありまして、それが北鮮に行こうと南鮮に行こうと、あるいはまた第三国に行こうと、われわれとしてはさしつかえないのであります。（中略）もし将来そういう道が開かれるということでございますれば、われわれのほうとしては大いに研究しなければならぬ問題であると考えております」[24]

日本政府が在日朝鮮人に関する政策においてこれまで行なっていた韓国への退去強制の執行が韓国側の拒否により滞りを見せたことで、退去強制自体の問題性と収容所における長期収容問題が明るみとなり、それは人道的な問題として国会でも野党議員からの追及の対象となった。「大村収容所問題」は、この時期の在日朝鮮人の「帰国」の意思表明とその背景にある人道的な問題にいち早く気づいた社会党議員を始めとした人たちによって重要な課題としてこの後も取り組まれていった。それはのちに朝鮮民主主義人民共和国への「帰国事業」を支援する帰国運動へとつながっていくことになる。しかし、収容者による「帰国」意思の訴えから集団「帰国」へと変質するまでには、朝鮮民主主義人民共和国の対日外交政策の転換とそれに伴う在日朝鮮人運動の路線転換という大きな局面があった。

朝鮮民主主義人民共和国の南日《ナムイル》外相は、一九五五年二月二五日、日本政府と日本国民に対し国交正常化と経済交流を呼びかけた。それは日本の再軍国主義化を脅威と捉え、反日・反米の姿勢をとっていたところからの大きな転換であった。このとき日本で政権を担っていた鳩山一郎は、ソ連や中国といった社会主義諸国との国交正常化政策を打ち出すなど、それまで西側陣営との結束を重視していた吉田政権の方針とは異なる姿勢を見せていた。しかし当初は南日外相の呼びかけに対して受け入れを示唆した鳩山首相だったが、韓国政府から「二重外交」との非難を受けると呼びかけへの態度を硬化させた[25]。この後も朝鮮民主主義人民共和国は日本政府への態度を基本的には変更しなかったが、対日外交の基軸は民間外交へシフトしていくことになる。日本で民間外交の窓口となったのは社会党、日本共産党と日朝友好団体の日朝協会であった。

また、同じ時期、在日朝鮮人運動にも路線の転換が起きた。解放直後に在日朝鮮人社会で結

[24] 第一六回国会衆議院法務委員会第三三号。
[25] 五郎丸聖子「日韓会談への態度を通してみた日本社会党の朝鮮認識——党機関紙/誌の分析（一九五〇–六五）」（『明治学院大学大学院国際学研究科紀要』第一四号、二〇一五年）、一七頁。

成された朝連も、その後継団体であった民戦も、ともにこれまでは日本共産党の指導の下で運動を展開していた。しかし、こうした指導体制が、一九五四年八月三〇日の「在日朝鮮人を共和国公民と認める」旨の南日外相声明を通じて朝鮮民主主義人民共和国から批判されることになる。日本共産党はこれを受けて翌年の一九五五年一月には在日朝鮮人運動に関する方針を転換し、所属していた在日朝鮮人党員の党籍を離脱させた。これが大きな転換の前段階であった。その後、日本との国交正常化への意思を示した先の一九五五年二月二五日の同じく南日外相声明を受けて、民戦ではそれと連動させるべく在日朝鮮人運動の転換が訴えられる。こうして民戦は発展的に解消され、在日本朝鮮人総聯合会（総連）が一九五五年五月に結成された[26]。総連は、日本の革命運動には参与せず、日本の内政問題には関わらず、「祖国」朝鮮民主主義人民共和国を背景とする民族的な運動路線をとることを鮮明にしたのである[27]。

このような状況のもとで、在日朝鮮人の「帰国」を望むありようは、それまでの個人の権利擁護という観点から次第に集団での「帰国」の実現へと客観的には変化していくことになる。もちろん、私が最も関心を向ける個人、すなわち「帰国」を選択した人や選択に悩んだ人たちにはどのように大きな状況が変化しようともその人個人の意思があったことに変わりはないが。

この後も、一九五九年の一二月に最初の帰国船が出航するまでにはいくつもの難しい局面がおとずれた。それはこの「事業」に対してそれぞれに異なる思惑を抱いたいくつものアクターが関わったことによる。ここまで振り返ってきただけでも、日本と朝鮮民主主義人民共和国のほか、総連、日赤、さらには社会党や日本共産党、日朝協会などが登場しており、このほかにアメリカやソ連もこの「事業」に無関係ではなかったし、韓国はこの「事業」に激しく反発した。韓国はそもそもすべての在日朝鮮人は韓国の国民だとする立場にあり、そのため朝鮮民主主義人民共和国へ在日朝鮮人を「帰国」させる「事業」には当然反対したのである。これを「北送」と呼んで激しく非難しただけでなく様々な形で「事業」を止めようとした。このような態度の韓国と国交正常化のための交渉過程にあった日本政府は韓国との間に軋轢が生じることは回避したかった。そのため「帰国事業」に関する交渉においては日赤のほかに赤十字国際委員会が入ることが望ましいと考えた。日赤の熱心な働きかけによって、結果として「帰国事業」の実現が果たされるまでの過程において、赤十字国際委員会は人道主義の担い手として重要な役割を担っていくことになる。

一九五八年八月十一日、在日朝鮮人による「集団帰国決議」が出されたことを契機に、総連

[26] 中野敏男「『日本の戦後思想』を読み直す(第五回)ナショナリズムの解禁と植民地主義の忘却——日本共産党と在日朝鮮人運動とのわかれについて」(『季刊 前夜』五号、NPO前夜、二〇〇五年一〇月)、二一二〜二一三頁。

[27] 前掲「日韓会談への態度を通してみた日本社会党の朝鮮認識」、一九頁。

は大規模な帰国運動の展開を始め、これを受ける形で九月八日に朝鮮民主主義人民共和国の金《キム》日成《イルソン》首相が在日朝鮮人の帰国念願を熱烈に歓迎すると述べ、一六日には南日外相が帰国希望者即時引き渡しを日本政府に要求したことが、その後の大規模な帰国運動と「集団帰国」の実現に向かうきっかけとなったという一連の出来事は日本でもよく知られている[28]。しかしこの「決議」からの一連の出来事については日・朝・韓の関係が背景にあったなかで出されたものであり自発的なものだったとはいえないと近年ではいわれている。このころ、日韓関係は両国の抑留者相互釈放の交渉が難航しつつも続けられていた。日韓会談自体が一九五三年のいわゆる「久保田発言」によって交渉が決裂して以降、中断状態にあるなかで、「日韓関係の改善が軌道に乗るためには、大村収容所の韓国人抑留者と釜山抑留の日本人漁民との「相互釈放」が何より必要であった」[29]のである。この重要な日韓間の課題が一九五八年になって妥結されたところから、日韓会談も四年半ぶりに正式に再開されるなど日韓関係は急速に進展することになる。こうした動きは、朝鮮民主主義人民共和国にとっては「この間築いていた対日接近の成果が一気に失われる恐れ」につながった。「集団帰国決議」はそうした危機意識による局面の転換として位置付けられるものだったと捉えることができる[30]。

この「決議」以降、日本国内では総連と社会党、日本共産党、そして日朝協会が中心となり、帰国運動は大きな盛り上がりを見せていくことになる。一九五八年十一月には「帰国事業」を早期実現するために日本人の意志を代表する「在日朝鮮人帰国協力会」（以下、「帰国協力会」）が発足した[31]。「帰国協力会」は在日朝鮮人の帰国問題を人道上の問題として捉えた文字通り超党派の団体であった。議長には日朝協会理事の古屋貞雄が選ばれ、元首相の鳩山一郎（自民党）、社会党書記長の浅沼稲次郎、共産党書記長の宮本顕治が顧問として参加している。活動の中心となったのは、五人の代表委員の一人だった自民党衆議院議員・岩本信行と幹事長の社会党衆議院議員・帆足計と事務局長の日朝協会常任理事・印南広志の三人であった。

その後、都道府県単位での「帰国協力会」の結成や、地方議会での帰国要求支援決議が相次ぐなど運動は全国的な盛り上がりを見せていった。一九五九年二月一三日、ついに日本政府は朝鮮民主主義人民共和国への帰国希望者は基本的人権に基づく居住地選択の自由の原則からこれを帰還させるとの「閣議了解」に至る。その後の交渉は日本赤十字社と朝鮮赤十字会により進み、八月一三日には「日本赤十字社と朝鮮民主主義人民共和国赤十字会との間における在日

[28]『朝日新聞』一九五八年九月一七日（一面）。
[29] 朴正鎮「在日朝鮮人「帰国問題」の国際的文脈――日朝韓三角関係の展開を中心に」（『現代韓国朝鮮研究』第五号、現代韓国朝鮮学会、二〇〇五年十一月）、三〇頁。
[30] 同前、三二頁。
[31] 朴正鎮『日朝冷戦構造の誕生　一九四五－一九六五　封印された外交史』平凡社、二〇一二年、三〇六頁。

朝鮮人の帰還に関する協定」が調印され、そして同じ年の一二月一四日に新潟港から帰国第一船が出航した。

ここまでが「帰国事業」の始まりの大まかな経緯である。こうした背景をふまえた上で日本政府がなぜ最終的に「帰国事業」を「了解」することに踏み切ったのかということを最後に考えてみたい。最終的に「帰国」を希望する人びとを「帰還させる」ことを岸信介内閣が「閣議了解」する二カ月前の一九五八年一二月二六日の『アカハタ』には、この間、全国的に展開していた在日朝鮮人の「帰国」に関する請願に対して法務省入国管理局長が出した通達を批判する記事が見られる。そこでは入国管理局長が都道府県知事に宛てた通達において、請願に対しては「中央政府に取り次いでおく」と聞き置く程度にするよう指示していることが取り上げられ、こうした政府の態度を「帰国運動を妨害」するものだと『アカハタ』紙面は非難した。当時は、日本政府の「帰国事業」へのスタンスは一般的にもこのように捉えられていた。しかし、日本政府は「事業」を最終的に「了解」した。それはなぜだったのか。この疑問に一つの解答をあたえてくれる文書がある。

一九五九年二月一二日の外務省文書「閣議了解に至るまでの内部事情」では、「閣議了解」を決定した意図が明らかにされている。これによれば、在日朝鮮人は「①犯罪率が高いので治安上の問題になっており、②そのほとんどが生活保護対象者であるから、財政上負担になっているほか、③彼らを帰国させたいという声が中央・地方の一般与論となり与党内でも圧倒的となった」ということが「閣議了解」を決定した主な背景として示されている[32]。ここに表れているのは、日本政府が戦後直後から一貫して在日朝鮮人政策の根幹に据えていた「追放」の論理である。つまり「追放」の論理が「帰国事業」と結びついていたことが端的に示されていたのである。しかし繰り返しになるが、このような日本政府の思惑は表に出ることなく「帰国事業」は実施されたのである。

では、政府以外の日本の人びとは「帰国事業」を実際のところどのように捉えていたのだろうか。「帰国運動」に参加した人たちに着目してみたい。先に述べたように「帰国事業」を支援する運動として全国の地方議会では帰国要求支援決議が相次いだ。東京の武蔵野市でも一九五八年十一月四日に在日本朝鮮人総聯合会武蔵野支部執行委員長の崔南容から「武蔵野市に居住する朝鮮人の帰国に関する請願」が提出され、総務委員会での採択を経て本会議で採択されたのち最終的には法務大臣宛の要請文が武蔵野市議会より送付されている。このプロセスにおい

[32]　朴正鎮「国際関係から見た帰国事業──赤十字国際委員会の参加問題を中心に」(前掲『帰国運動とは何だったのか』)、一五九頁、外務省北東アジア課「閣議了解に至るまでの内部事情」一九五九年二月(『北朝鮮関連領事事務』外務省公文書監理室所蔵)。

て本会議での検討の際に、法務大臣宛の要請文（案）にあった文言をめぐって以下のような議論があったことが会議録に残されていた。その文言とは「多数の朝鮮人が帰国を希望しながら微妙な国際関係の経緯のため（中略）滞留を余儀なくさせられていることは人道上極めて遺憾に堪えないところであるのみならずわが国内治安上からみても憂慮せられるのであります」という文（案）のうちの、「わが国内治安上からみても憂慮せられるのであります」という部分である。前述の請願が総務委員会で採択された後、同委員会の正副委員長に管轄の行政庁（法務大臣）宛の要請文（案）作成が一任されていた。そして、その後に開かれた本会議においては総務委員長より同請願の総務委員会での審議についての報告がなされ、その際に要請文（案）も示されたのである。そして質疑の段階となったときに二人の議員によって前述の文言が問題とされたのである。一人目の議員からは「治安上からみても……」ということは請願の趣旨にはなく、またこれは総務委員長の個人的意見なのではないかといった指摘がなされ、併せてこの部分の削除が要請された。別の議員からも「国際的な問題になる惧れがある」との指摘があった。結果的にはこの部分は総務委員長の要請によって削除された上で、議会として法務大臣宛の要請を行うことが決定されている[33]。しかし、ここで考えたいことは、「帰国」への協力あるいは支援をした人たちの中にあってもこのような言葉が「自然に」示されたことである。会議録には、この文言を入れた委員長の釈明の言葉はないため詳しいことはわからないが、当時の日本社会にこのような在日朝鮮人への眼差しが浸透していたことを示すものだとはいえるだろう。こうした態度が「帰国」支援の場においてもあったということは改めて受け止める必要があるだろう。

他方で、「帰国協力会」の幹事長を務めた社会党議員の帆足計はどのようにこの「帰国事業」を捉えていたのだろうか。在日朝鮮人が外国人登録法への登録切り替え時に抱いた懸念に共感し、生活権や居住権への十分な対策の要求を出入国管理庁へ申し入れる際に同行するなど、帆足は日本社会における在日朝鮮人の苦境を近くで見つめてきた人物であった[34]。彼は、当時の朝鮮民主主義人民共和国の国内状況を「いまの一人当たりの生産額は日本と同じで」あり「在日朝鮮人を全部引き取り得る力と経済が安定」していると捉え[35]、在日朝鮮人を救済できるのはこの国しかないという認識を持っていた。だが同時に、そのように救済を必要とするような厳しい状況を生み出した責任が「過去の日本の軍国主義的植民地政策と、現在の国際的悲劇ならび

[33]「昭和三十三年第四回武蔵野市議会定例会会議録」一九五八年一二月二五日。
[34]『社会タイムス』一九五二年一〇月二五日。
[35] 帆足計・望月優子対談「難渋する北鮮帰還問題——あずかった子を返そうと申すのに」(『週刊明星』一四号、集英社、一九五九年六月一四日)、一七頁。

に日本政府の政策の貧困にある」ことも痛感していた[36]。しかしその上で、「日本政府の政策の貧困」を改善することよりも「帰国事業」に注力したのは、在日朝鮮人の「帰国」を望む態度を目の当たりにしたことで、植民地支配の責任をとることと「帰国させる」ことが同一視されたからではないだろうか。帰国船第一号が出航した翌月に出された「帰国事業」への帆足のコメントにそうした思いが見てとれる[37]。

新潟港の「別れ」は、たんなる「別れ」ではなく、じつに日朝五十年間の涙と悲しみの歴史からの「別れ」であった。過去のかなしい日朝両国の関係はここに洗いきよめられて、日朝友好の新しい歴史の一頁がこれからはじまるのだ。（中略）朝鮮の人たちには希望がよみがえったのである。祖国への自覚が、いかに民族の品位と風格をたかめるかということを、まざまざと眼前にみる思いがした。[38]

ここには、五十年の「過去のかなしい」両国の関係が「祖国」を希望した「朝鮮の人たち」の帰国実現によって「洗いきよめられ」たとする願いと、植民地支配の責任としてのひとつの役割を果たせたという、帆足の安堵の思いが表れていると言えるのではないだろうか[39]。

実際には本当の意味での日本と朝鮮半島との間にあった「涙と悲しみの歴史からの「別れ」

はおとずれなかったし、本来それは、日本人自らがたとえ苦難を伴うプロセスであろうと、植民地支配の責任を果たしていこうとする努力を積み重ねることでおとずれるものだったのではないだろうか。

日本政府の政策を含め日本社会にあった在日朝鮮人への冷たい眼差しや態度は、「帰国」を希望する人びとを支援することで解消されるものではなかったが、「帰国事業」を支援した当時の人たちの中にはそのような思いがあったのではないか。そうだとしたらそのことを今私たちはどう受け止めるべきだろうか。やはり自分の問題として捉えることが大切なのではないかと私は考える。つまり「それでよかったのか」と追及するのであればその追及の矛先は即座に私自身に返ってくる、そのような意味での自問自答が私たちのするべきあるいは私たちが今できる受け止め方ではないかと思うのである。私はなぜ帆足が前出のような思いを持つにいたったのかもっと知りたい。そのための対話は同時に自問自答でもある、そのように思うのである。

［36］ 帆足計「朝鮮人帰国問題の実相」（『外交時報』九六七号、外交時報社、一九五九年一〇月）、六〇～六一頁。
［37］ 前掲「日韓会談への態度を通してみた日本社会党の朝鮮認識」、三三一～三三三頁。
［38］ 帆足計「帰国朝鮮の友に学ぶ」（『日本と朝鮮』日朝協会、一九六〇年一月二五日、二面）。
［39］ 前掲「日韓会談への態度を通してみた日本社会党の朝鮮認識」、三三三頁。

武蔵野市に残る帰国記念碑の存在をきっかけに、「帰国事業」とは何だったのかということをここまで振り返ってきたが、その概要を示すだけでも随分と時間がかかった。しかし、そのこと自体が様々な人びとの思惑が絡み合ったこの「事業」のありようを示している。こうした複雑な背景を知ってから、「帰国事業」の痕跡を前にしたとき、そこから受ける印象は私のなかで変化した。そこにたくさんの人たちの思いと費やした労力や時間のあったことを感じずにはいられなくなったのである。

二〇一五年二月の会ではすべてのプログラムが終わったあと、会場であった武蔵野市市民文化会館の敷地内にある「帰国事業」の記念碑を参加者の方々といっしょに見にいった。そこには武蔵野市民の方も何人かいらしたが、その方々も含めて記念碑を見たのは初めてという方がほとんどだった。しかしこのとき「この記念碑を探してたんですよ。知ってたんだけど、どこにあるかわからなくて探してたんです」と私に声をかける方がいた。初めてお会いしたその方は梁裕河《ヤンユハ》さんとおっしゃる在日二世の方で、数年前まで武蔵野市に暮らし市内の在日朝鮮人の方に聞き取りをされていたという。そのなかで「帰国事業」の記念碑と記念樹について知ったと教えてくれた。このときの出会いが、他者を想像するということを考えるにあたって、私が「地域と記憶」という視点を持つきっかけを与えてくれた。

第五章　武蔵野の朝鮮人

関前で開かれた在日本朝鮮婦女同盟武蔵野分会の結成式［1947年4月6日］
（『꽃수레〔コッスレ〕』在日本朝鮮民主女性同盟、1998年より）

梁裕河さん[1]が武蔵野市の「帰国事業」の記念碑と記念樹の存在を知ったのは、『武蔵野市女性史』の編纂委員の一人として武蔵野市に暮らしていた在日朝鮮人の方々に聞き取りをされていたときだったという。梁さんは聞き取りのなかで初めて知った記念碑の場所を特定しようと武蔵野市に問い合わせたが、記念碑も記念樹も見つけることはできなかった。しかし、その後、その場所を知っているという人に遭遇し、数年越しで記念碑にたどり着いた。記念碑の場所を知っていたのが私の友人だったことは前に述べたとおりである。

しかし、このように梁さんが記念碑にたどり着くまで何年もかかったという経緯は実は重要なメッセージを示しているように感じた。つまり、記念碑を建てたことを記憶し、またその記憶を継承する人たちがいる一方で、同じ出来事を忘却あるいは記憶しておくべきだとまでは思わなかった人たちもいたということに向き合わざるをえなかったのである。

それでも当時の記憶を持たない私が、そこに記念碑を建てた人、武蔵野市から「帰国」した人びと、ここに残った人たちのことを思い巡らせることができたのは記念碑という痕跡がそこにあり続けたからであった。さらに記念碑を媒介にして在日一世であるお父様と日本人であるお母様とお兄さん、弟さんと日本で育った在日二世の梁裕河さんと出会った。

二〇一五年二月の会で初めてお会いしてからまもなく、私は梁さんが武蔵野市女性史編纂委員として書かれた戦前、戦後に武蔵野に暮らした在日の方々の記録を読んだ[2]。かつて「関前」（せきまえ）と呼ばれた場所（現在の武蔵野市八幡《やはた》町。市内には現在も関前という地名があるがそことは場所が異なる）には多くの朝鮮人が暮らしていたことを知った。この場所に戦前より朝鮮人が集住していたのは、ここが軍需工場である中島飛行機武蔵製作所（以下、武蔵製作所）の門前にあたる場所だったからである。武蔵製作所に関連した土木工事、運搬業務を請け負うための飯場が当時はいくつもあり、比較的大きな飯場には朝鮮人の親方のもとでこうした作業を担う朝鮮人労働者が多数いたという[3]。このようにして武蔵製作所周辺には朝鮮人コミュニティが生まれたが、それは戦後にも受け継がれていった。

［1］一般的に論文やそれに準じた文章では敬称は略されるが、彼女との関係性をふまえ、このように表現した。
［2］武蔵野市女性史編纂委員会『武蔵野市　女性史　通史編』・『武蔵野市　女性史　聞き書き集』（武蔵野市、二〇〇四年）、むさしの市女性史の会編『あのころ　そのとき：国策に絡め捕られて』（むさしの女性史の会、二〇一三年）。
［3］梁裕河「第三章第四節　海を越えてきた女たち」（前掲『武蔵野市　女性史　通史編』）、一一一〜一一二頁。

以下では、梁さんによる聞き書きや論考によりながら、戦前戦後の武蔵野の朝鮮人にアプローチし、そして「他者を想像する」ということについて最後に考えてみたい。

武蔵野町と中島飛行機武蔵製作所

中島飛行機は戦前日本の航空機工業における主要な存在であり、とくに太平洋戦争期には三菱重工業と合わせると全生産機数の六割以上を占めた。牛田守彦によれば、戦闘機「零戦」の発動機（エンジン）はすべて中島飛行機による製造であり武蔵製作所はこの発動機の工場であったという。武蔵製作所の歴史は、一九三八年に北多摩郡武蔵野町西窪（現在の緑町）に開設された陸軍用の工場である武蔵野製作所に始まる。このときすでに発動機の工場は東京製作所（荻窪製作所）が豊多摩郡井荻町（現在の杉並区桃井）にあった。しかし軍部からの増産要求もあって武蔵野製作所が開設され、一九四一年にはその隣に海軍用の工場として多摩製作所が新たに開設される。よく知られるように陸軍と海軍は互いに技術開発等を競い合っており両工場は塀で仕切られ別々に運営された。しかし戦局が悪化したことから、一九四三年に両工場は合併し武蔵製作所となる[4]。陸軍用の旧武蔵野製作所は東工場、海軍用の旧多摩製作所は西工場と呼ばれるようになった。合併した武蔵製作所は敷地約五六万平方キロメートル、従業員二八〇〇〇人、機械台数四四〇〇台、発動機月産九三三台（合併時点）で国内最大級の規模となった[5]。

武蔵製作所周辺には中島飛行機の関連機関がいくつもあった。武蔵野町以外にも、隣接する田無には「試運転工場」「中島航空金属」、三鷹には「研究所」、保谷地域には従業員寮というように関連施設や各種の下請け工場が点在した[6]。武蔵製作所の開設は武蔵野町を軍需の町として発展させることになった。武蔵製作所の開設当時には三万人だった武蔵野町の人口は二年間で五万人に増え、また次々に関連施設ができたことで商店街も誕生した[7]。

他方で日中戦争が進み戦局が悪化すると、武蔵製作所でも従業員のうち青壮年の多くが出兵し労働力の確保の問題が生じ、学徒、挺身隊、報国隊、応徴士（徴用された者の呼称）らが動員されることになる。武蔵製作所における朝鮮人労働者について述べる前に、当時の戦況がどのように朝鮮人の労務動員へとつながっていったのか概観しておきたい。


［4］牛田守彦「武蔵野中央公園の隠れた歴史――六〇年前、そこは戦場だった」（『多摩ら・び』二八号、けやき出版、二〇〇四年六月）、二八～二九頁。

［5］長沼石根『中島飛行機武蔵製作所物語』武蔵野市企画政策室市民協働推進課、二〇一一年、八頁。

［6］梁裕河「ノート・中島飛行機と朝鮮人」（前掲『あのころ　そのとき：国策に絡め捕られて』）、五二頁。

［7］河原清美「武蔵野市の歴史と中島飛行機株式会社武蔵製作所」（夏季市民講座記録の会／武蔵野市教育委員会『戦争と平和を考える　戦争と武蔵野市――中島飛行機を中心に』一九七九年）、八頁。

一九三七年七月七日の盧溝橋事件（「支那事変」と称された日中戦争の発端）を境に、日本は中国での戦争を全面的に展開し総力戦を戦うことになった。総力戦とは国の人的・物的全資源を戦争に動員し戦うことであるが、これによって何よりもまず軍事・軍隊が重要視されることになった。こうして日本人男子の軍事動員は増加し、産業では軍需産業が最優先されるようになっていった[8]。このような状況のなか、人力に頼る部分が大きかった炭鉱の労働力確保はこれまで以上に困難となった。しかしその一方で軍需拡大のため石炭の増産は求められていたことから、「炭鉱経営者の団体は、一九三七年九月、朝鮮人の渡航制限の緩和を含む対策を取るよう政府当局者への陳情を行っ」ている[9]。

日本政府は一九三八年になると総力戦にそなえるため国家総動員法を施行する。「同法は、戦時ないし戦争に準じる事変の際に国が人的及び物的資源を統制運用のため必要な措置をとりうる」と謳っていた。併せて詳細規定は議会の承認を必要としない勅令によるとされたため、これ以降、動員に関する各種の勅令が次々と出されていった。一九三九年七月には国民徴用令が施行され、また徴用の前提としての国民登録（自己の就業場所、居住地などの職業紹介所への登録）、徴用とは異なる各動員業務への協力、職場移動の制限、賃金統制といった勅令が出され、人びとの生活は縛られていった。また、国家総動員法が施行されたのちには政府は厚生省を新たに置いて労働市場の統制を始めた[10]。

このような状況のなかで日本政府は朝鮮人の労務動員計画をどのように進めたのだろうか。一九三九年七月四日に労務動員実施計画が閣議決定された。これはその年度に必要とされる戦争遂行のための労働力の需要とその給源を記したものだが、そこには日本内地の炭鉱等に配置するべき労働力の給源として朝鮮半島からの労働者八五〇〇〇人分が計上されている。これが日本帝国による日本内地に関わる朝鮮人労務動員政策の最初の決定だった。日中戦争初期段階まで朝鮮人労働力の活用に慎重だった方針を大きく転換させたことがこの決定には表れていた。転換を後押ししたのは戦争長期化の見通しと労働力不足だった。しかし、それでも動員計画策定の調整に入った段階でも政策当局者のすべてが朝鮮人労働者活用に積極的ではなかった[11]。日本内地でのこの問題の関係省庁は厚生省と内務省、そして産業政策担当の商工省であった。商工省は当初から朝鮮人導入に賛成だったが、厚生省と内務省は一九三九年の段階でも消極的だった。なぜそうだったのか。外村大は、「両省の担当する行政の内容を考えれば（中略）戦後

[8] 前掲「ノート・中島飛行機と朝鮮人」、四三頁。
[9] 外村大『朝鮮人強制連行』、岩波書店、二〇一二年、三五〜三六頁。
[10] 同前、三八〜三九頁。
[11] 同前、四二頁。

における失業問題や民族的な葛藤を含む治安への影響の懸念が」そこには関係していたと推察している。また当時、朝鮮人の労働力を日本内地へ導入することへの否定的意見は民間にもあった。例えば、『東洋経済新報』は一九三九年五月二七日号で「朝鮮人労働者移入問題 将来永遠の立場より見て極めて慎重なるを要する」と題した社論を展開している。ここでは、すでに日本内地に住む朝鮮人数が同化しうる量ではないこと、平時に戻った際の失業問題への懸念が述べられて安易に朝鮮人労働者導入を進めるべきでないことが主張された[12]。

だが、結局は、こうした消極論をも圧倒するほどに日本内地では炭鉱等での労働力不足の現実が差し迫っていた。これ以降、朝鮮人は計画的な労働力移動の対象となり年々その数は増やされていくことになる。朝鮮人の戦時動員は、動員方法、移入方法、動員先配置、労務管理、賃金・環境などの諸待遇、残された家族への援護策、敗戦後の処理など、さまざまな面で日本人と異なる扱いがなされた。他方で消極論での懸念は払拭されたわけではなく、そのことは朝鮮人労働者への内地における労働環境へ少なからず影響を与えることになる。「日本内地側当局は新たにやってくる朝鮮人労働者の受入れによってさまざまなトラブルが起こり得ることを想定し、労務動員実施以前からその対策を準備していた。そのための組織として整備されつつあったのが、朝鮮人管理のための組織である協和会であった」[13]。

中島飛行機武蔵製作所の朝鮮人

　武蔵製作所ではどれくらいの朝鮮人がどのように労働していたのだろうか。これまではその詳細を知るための資料がないために、断片的な証言や西東京市の東伏見稲荷神社の敷地内にある、武蔵製作所殉職者慰霊碑に隣接する殉職者氏名碑に刻まれた朝鮮人と思われる名前（「宋乙永」ほか七名ほど）[14]といった痕跡（本書の扉写真参照）からたどるほかなかったが、梁裕河さんは内務省警保局保安課の『特高月報』（昭和十九年十一月）の「朝鮮人運動の状況」の中に武蔵製作所の朝鮮人労働者への言及があることを発見した。同月報の「昭和十九年十一月」の東京空襲に対する東京管内朝鮮人の動向をまとめた「被害地其の他各地に於ける状況」の中には武蔵製作所の朝鮮人に関する次のような記述があった。

……………………

［12］ 前掲『朝鮮人強制連行』、四二～四四頁。
［13］ 同前、四四～五一頁。
［14］ 殉職者は総勢二一九名、うち七名ほどが朝鮮人ではないかと梁さんはいう。続けて「宋以外は創氏改名により日本名になっている」が、「朝鮮名を日本名に変える際、習慣的に使われた名前があり、朝鮮出身者であることが推定される」と述べている（前掲「ノート・中島飛行機と朝鮮人」、五二頁）。

武蔵野署管内に於ける労務者の状況、中島飛行機武蔵野〔ママ〕工場に於ては第八十七部隊監督の下に目下同工場拡張土盛り工事の為朝鮮人土工約二百五十名を使傭し、又中島飛行機工場に於ては朝鮮人職工二百名就労中なるが、十一月二十四日の空襲時に於ては、同所附近に数弾投下せるも敵機来襲と共に全員を防空壕に退避せしめたる為工場内に僅少の被害ありたるが、周辺に一人の被害者もなく敵機の脱すると共に平常の如く従業し何等動揺なし

この記録によって、「少なくとも工場建設工事に二百五十人、中島飛行機武蔵工場に二百人の朝鮮人が労働していたことが判明した。四四年十一月であれば、中島飛行機での職工たちは徴用扱いであったから、この朝鮮人たちも「応徴士」であったと見てよいだろう。中島飛行機殉職者慰霊碑の「宋乙永」もその一人であったかもしれない」と梁さんは述べている[15]。

実際に武蔵製作所内での朝鮮人が置かれていた労働環境はどのようなものだったのか。二〇一一年に梁さんは当時を知る人に聞き取りをしている。元中島航空金属の学徒だった方は次のように語った。

「朝鮮の男の子たち、私たちと同い年くらいでしたが、大勢来てましたね。彼らは最も低い身分で、まるで牛馬のような、いや、それ以下の扱いをされていました。（中略）その見張り番を私たちがさせられたりしましたよ。当時、朝鮮人というと一段低く見る習慣がありましたが、私たちはそのころ考える力もなく、そういう考えを批判する目もなかったんです」

同じく武蔵製作所の工員だった方も次のような証言をしている。

「労働者の中には朝鮮人もうんといた。男が兵隊にどんどんとられるので、朝鮮人を補充していたのだろう。しかし、朝鮮名の人もいたが、日本名で呼ばれていたのが多く、誰が朝鮮人なのか、よく分からなかった。ただ、空襲が激しくなって八王子の浅川に行った時は、朝鮮人がうんといた。強制労働で穴を掘らされている、何十パーセントもの人が働かされているといううわさだった」[16]

［15］ 前掲「ノート・中島飛行機と朝鮮人」、五二頁。
［16］ 同前、五五頁。

朝鮮人労働者への労務対策と特飲街への考察

梁さんは武蔵製作所の朝鮮人労働者に対する労務対策、とりわけ彼らへ向けられた「性対策」に着目していた。国家総動員計画のなかで日本軍兵士の花柳病(性病)対策が重要な課題となると、一九二七年に公布され翌年二八年には施行されていた「花柳病予防法」のうち、未施行だった二条と三条が一九三八年に施行された。未施行だったのは「主に私娼を対象とした公立の性病専門病院を設置し、これに対し国庫補助を行うという事項であ」った。「日中戦争の長期化により(中略)性病(花柳病)問題は国家総動員の重要な部門として、その予防は緊切なものとなった。(中略)昭和一三年(一九三八)第七三帝国議会において花柳病診療所の設置に要する予算」が承認され、「これを受けて、政府は花柳病診療所を軍事上主要とみなされる地方に設立するように指導した。設置主体は市町村であった」[17]。このような背景のもとで軍事上重要な地域の公共団体は芸妓・娼妓・酌婦らを対象にした性病診療所を開設させることになった。さらに四三年になると、予防対策の必要が切実になったとして飲食店、料理屋には営業許可を、「従業婦」にも許可制と性病検査が実施されるようになる。こうして「既存の公娼制以外の売春場所だった飲食店・料理屋への統制」は深められていった。朝鮮人労働者に対しては炭鉱などに多数の青年男子が移入されたため「慰安所」の設置が奨励され、そこには朝鮮人女性が置かれていた。このような労務対策の目的は稼働率を上げるためでもあったが、逃亡防止策でもあり、さらには労働力動員への重大な影響を及ぼす「性病」の防止のためでもあった[18]。武蔵製作所の場合はどうだったのか。梁さんは特殊飲食店など一般的な「慰安施設」についても当時の新聞や警察資料、中島飛行機労務関係者の記録や当時を知る人びとの証言などから検討を重ねている[19]がここでは深く立ち入ることはしない。しかし、この検討を通じて梁さんが述べた以下の問題提起は私にとっても非常に重要な課題となった。そのことは記しておきたい。

ここに見えるのは、「兵と労力＝男」を「性＝女」によって縛り、「国家の利益」のための総動員に都合よく使おうという考えではないだろうか。

女を「性＝性行為」の対象としてしか見ない女性蔑視、男を性欲の充足で欺瞞し統制・

[17] 清水勝嘉「昭和戦前期における公衆衛生活動に関する研究」（日本大学博士論文、一九九四年）、三五二〜三五三頁。
[18] 前掲「ノート・中島飛行機と朝鮮人」、五八頁。
[19] 同前、五八〜六四頁。

拘束できると考える男性蔑視、人間への愚弄と侮辱、人格を踏みにじって無感覚な暴力性が根底にあったといえよう。[20]

武蔵野町の朝鮮人の置かれた状況

武蔵製作所とその周辺の飯場にいた人たちを含めて武蔵野町（一九四七年十一月より武蔵野市）にはどれくらいの朝鮮人がいたのだろうか。梁さんは武蔵野市に保存された当時の関係文書等をあたったが正確な人数はわからなかったという。また記録が欠けている部分もあったそうだ。これについて市の広報課は「終戦直後に燃やしてしまった可能性がある」と回答している[21]。そのため種々の記録や様々な文献、証言から該当する部分を拾って梁さんは戦前、武蔵野町にいた朝鮮人の様子を立体的にしていった。例えば一九四〇年の国勢調査によれば、北多摩郡（立川を含む）における外籍所有者（日本の植民地出身者）数は三五三五人であり、そのうち朝鮮人は三四七二人であった。また在日朝鮮人の管理組織である協和会の資料によれば、「四三年当時の田無警察署（四四年に武蔵野警察署と改称）管内の協和会会員数は一五二九人で、女性は一七四人」[22]であった。梁さんはこの資料から「これが現在知り得るもっともミニマムな数字」だとしている。しかし、「当時の田無署は武蔵野町をはじめ、田無、保谷など」も所管していたことから戦前の武蔵野町における朝鮮人の人数は確認できなかったという[23]。

戦後はどうだったのか。敗戦直後の武蔵野町における在町外国人数の調査記録には朝鮮人が一九四六年当時に二二六人いたことが記録されている。ここから、戦後すぐに朝鮮半島へ帰って行った人びとを考慮すれば戦前の武蔵野町にはそれ以上の人たちがいただろうと梁さんは推測している。いずれにしてもこのように、武蔵野町には少なくない朝鮮人が戦前いたことは確かだったがその記録は乏しかった。東伏見稲荷神社の敷地内には武蔵製作所の殉職者氏名碑があり、そこには朝鮮人と思われる名が刻まれていることは先に述べたが、その人たちの「出身地や遺族、日本でどのように暮らしていたのか、死因や、葬儀が行なわれたのか、遺体がどこにあるのかなど、ほとんどのことが不明」だという。このような扱われ方に対して梁さんは、中島飛行機と国策としてこのような労働政策を行なった日本政府は、事実を調査し遺族に知ら

[20] 前掲「ノート・中島飛行機と朝鮮人」、六三頁。
[21] 前掲「第三章第四節　海を越えてきた女たち」、一一〇頁。
[22] 樋口雄一編『増補新版　協和会関係資料集（一）』緑蔭書房、一九九五年、二九〇頁。
[23] 前掲「第三章第四節　海を越えてきた女たち」、一一〇頁。

せるなどの責任を果たす必要があると述べている[24]。

中島飛行機武蔵製作所周辺にあった飯場

武蔵製作所関係の労働に従事する朝鮮人は、先述の『特高月報』の記録にもあったように工場の外にもいた。土木工事や運搬業務を担っていた人たちである。武蔵製作所の門前にはいくつもの飯場があったことは先ほども触れたが、そこには朝鮮人が多く労働に従事していた。武蔵製作所には、「東伏見に抜ける地下壕が複数（四本以上）掘られて」おり、それは「整備された工場の地下通路とは異なり、土むき出しの素掘りであった」という。それは父親が掘ったものだと東伏見に住んでいた李華旭は次のように語っている。

「東伏見六丁目の石神井川沿いの崖ふちから中島飛行機武蔵製作所まで軍部の命令で父親の李鳳祚が宮本組を作り、多くの朝鮮人を使って掘った。ほかに竹田組、城山組という朝鮮人の飯場親方もいた。空襲を受けていたので軍部は非常に急いでいて、昼夜兼業の突貫工事であった。資材も人材も不足し工事はなかなか進まなかった」[25]

宮本組、竹田組、城山組は下請けや孫請けの飯場であり、宮本組の親方は右記の証言者である李華旭の父親である李鳳祚であり、また他の二つも朝鮮人の親方の飯場だった。さらにその親会社は大倉土木（現在の大成建設）であった。当時、大倉土木は中島飛行機の工場建設を一手に引き受けていた[26]。これと併せて一九四一年八月二日の東京日日新聞には武蔵野町関前の大倉組の飯場で賭博の取り締まりがあったことが報じられていることからも、先述の『特高月報』に記された「土盛り工事の為朝鮮人土工約二百五十名」は大倉土木の下請けに動員された朝鮮人のことではないかと推測される。

武蔵製作所の門前にあたる武蔵野町関前にあった朝鮮人の飯場には、親方のもと五～一〇人ほどの人夫がいた[27]。飯場にいた労働者は多くが若い単身男性だったが、その飯場を切り盛りしていたのは親方や労働者の妻である女性たちだった。戦後の一九五二年になって福岡の志賀《しか》島《しま》から武蔵野市内で働いていた長兄を頼って武蔵野市に住むようになった李美子[28]は、たびた

[24] 前掲「ノート・中島飛行機と朝鮮人」、五二～五六頁。
[25] 同前、五六頁。
[26] 社史発刊準備委員会編著『大成建設社史』大成建設株式会社、一九六三年、二七八頁。
[27] 前掲「ノート・中島飛行機と朝鮮人」、六五頁。
[28] 梁裕河「第四章第四節　歩き出す在日の女性」（前掲『武蔵野市　女性史　通史編』）、一六二～一六三頁。

び訪れた関前の飯場の様子を次のように振り返っている。

巨大な兵舎のような建物があり、中はベニヤ板一枚で二〇~三〇坪ほどの各区画に仕切られていて、それぞれに家族とともに五、六人の人夫たちが一緒に暮らしていた。床はパネル張りの上に厚めのござを敷いていた。台所は土間造りで、竈《かまど》が三つ作られていた。長い飯台とベンチ状の椅子があり、人夫たちはここで食事をしていた。水はダルマ井戸が一つしかなく、炊事も洗濯もそれを使っていた。この井戸端が女性たちのおしゃべりや情報交換、ぐちをこぼしあう場だった。[29]

彼女たちは「朝五時には朝食、中島飛行機などは工場と飯場が目の前であったために昼食の準備、夕食、さらに二交替、三交替制の人夫出しがあればその状況に応じて、大釜を日に何回も炊かねばならな」かった。飯場以外では運搬、衛生業、屑屋、仕切屋などが朝鮮人の生業であった。一九四八年生まれの金東坤は「父親の金容武は、吉祥寺駅前に運送屋を開業、馬を十数頭持っていて、中島飛行機などに荷物を搬入していた」と述べている。「一方ドブロク作りは、女性ができる数少ない現金収入の仕事」であった。違法ではあったが安く売買され歓迎されたという。金東坤の母、李乙心も戦後は生計を支えるためドブロク作りをしていたという。彼女たちは「男に伍して、あるいはそれ以上の労働をこなしても、なかなか「アンチュイン」（奥の主人）としての存在を超えることはむずかしかった」。それでも「異国での厳しい生活は、確実に女性たちの経済活動や労働力としての存在の大きさを拡大、促していった」[30]。

飯場が連なる関前に暮らした朝鮮の人びとは周辺に暮らす日本の人たちや武蔵製作所ほか中島飛行機関連の人たちとどのような関係を持ったのか。あるいは持たなかったのか。関前の飯場の目の前に自宅のあった島津好江は「飯場の女性たちが毎日自宅に野菜を買いに来ていたのを覚えている。片言の日本語で買い物をしたり、水飴を持ってきてくれたりして、「仲良くしてると得だなあ」と子ども心に思った」[31]という。また当時、中島飛行機の青年学校の生徒であった古内竹二郎は「青年学校の寮に入っていて、寮では酒が飲みたくても飲むことが許されなかった」なかで、寮から「朝鮮飯場にドブロクを飲みに行った」こともあったという。このように隣接して暮らす日本人と朝鮮人の間に交流があった一方で、朝鮮人の集住地域に対しては、「朝鮮人の飯場が軒を連ねていて、「怖いところ」という印象」を持つ人たちもいたという。こ

［29］　前掲「第三章第四節　海を越えてきた女たち」、一一二頁。ルビは原文ママ。
［30］　同前、一一二〜一一三頁。
［31］　同前、一一五〜一一六頁。

うした好意的ではない眼差しは朝鮮人の集住するエリアを周囲とは分けて呼称するふるまいにも表れ、そのような態度は戦後も続いた[32]。

朝鮮人集住地域の戦後――学校づくりと団体の結成

敗戦後の武蔵製作所は再建不能だとして閉鎖が決定した。一方で一九四六年一月にはGHQにより賠償工場に指定された[33]。武蔵製作所の門前にあった飯場やその周辺を拠点としてきた朝鮮人は戦後どうしたのだろうか。梁さんによれば門前にあたる関前の特定の番地には戦後、朝鮮人の住所が集中していたという[34]。戦後に制定された外国人登録令によって在日朝鮮人は登録を強いられたが、その登録住所が関前のある番地に集中していたというのである。もともとそこに居住していた人たちもいたが、解放後に別の場所からつてをたどって移ってきた人たちもいた。これは日本全国で起きていたことだった。日本社会での生活が様々な理由で困難だった朝鮮人にとって、親類縁者などを頼ってそこに居住することは生き抜くための術だった。関前のほか、その隣接エリアの小金井の茜屋橋《あかねやばし》、三鷹の大沢、田無の谷戸などにも朝鮮人は集まって暮らした。これらの戦前の工事現場周辺の朝鮮人集落は戦後もそのままに残され、そこで人びとは生活を続けていったのである[35]。

日本の敗戦は朝鮮の人びとにとっては植民地支配からの解放と受け止められ喜びのなかで朝鮮半島へと帰っていった人は多かったが、日本に残った人たちもいた。その人たちがまっさきに取り組んだのは自らの団体の結成と子どもたちのための学校づくりだった。

日本による植民地支配における同化政策のもとで朝鮮語を習得する機会が失われていた「二世」や幼児期に日本に移住してきた人びとは、自分たちの言葉、朝鮮語を取り戻すことを重要視した。その思いは「国語講習所」の開設へとつながっていく。「国語講習所」は全国の朝鮮人居住地の至るところにつくられていった。その数は全国でおよそ六〇〇〜七〇〇か所くらいであったと考えられる。失業などの生活苦にあっても人びとは「民家の一室であったり、またはキリスト教会や旧日本軍の兵舎の一部、焼け残った倉庫等。ありとあらゆる空間を利用し」て学校を始めたという。解放後、様々なつながりを背景に結成された組織は一九四五年一〇月に全国組織の在日本朝鮮人連盟（朝連）に集まったが、朝連は学校の運営に力を入れた。朝連事

〔32〕 前掲「ノート・中島飛行機と朝鮮人」、六五頁。
〔33〕 富士重工業株式会社社史編纂委員会編『富士重工業三十年史』富士重工業、一九八四年、五三〜五七頁。
〔34〕 前掲「第三章第四節　海を越えてきた女たち」、一一一頁。
〔35〕 姜萬先「仲間と助け合って」〔梁裕河・聞き取り〕（前掲『武蔵野市　女性史　聞き書き集』）、二五七頁。

関前朝鮮学校

（出典：『꽃수레』在日本朝鮮民主女性同盟、1998年）

務所と学校が同じ建物を使用するケースは多かった[36]。

武蔵野の関前につくられた「関前朝鮮学校」にもやはり朝連関前分会の看板が掲げられた[37]。ここここそが登録住所の集中していた場所であった。梁さんは戦後の武蔵野市在住の朝鮮人の人口を調査するにあたり、先述の一九四六年の調査記録とは別に、四八年三月末現在の市が作成した「外国人名簿」を確認している。その際に、四八年当時の朝鮮人の人口が二八五人であったことの確認だけでなく、そこに記載された各人の登録住所の多くが「関前二八二番地（現在の八幡町三丁目一番）」であることに気づいたのだという[38]。

それは崔南容が親方をした飯場の所在地であった。崔南容は解放後には朝連武蔵野支部の委員長を務め、その後は在日本朝鮮人総聯合会武蔵野支部執行委員長を担っている。前章で紹介した「帰国」の請願書を提出したのは彼である。

ここで「関前朝鮮学校」の存在について少し検討しておきたい。当時の朝連の資料によれば朝連武蔵野支部の初等学校は一校であるとされており[39]、それは武蔵野初等学院（北多摩郡三鷹町下連雀）である可能性が高い[40]。下連雀と関前は近接したエリアであるのでこの二つが同時

[36] 金徳龍『朝鮮学校の戦後史――一九四五－一九七二［増補改訂版］』社会評論社、二〇〇四年、一七～一八頁、二一～二七頁。

[37] 一九四八年二月現在でまとめられた在日本朝鮮人連盟の「全体組織統計表」の中の「三多摩本部管内支部一覧表（一九四七年一〇月一四日現在）」によれば、武蔵野支部のもとに八の分会があったことがわかる。関前分会はこのうちの一つだったと思われる。なお、他の分会については現在のところ不明である。今後確認していく必要がある。朴慶植『在日朝鮮人関係資料集成〈戦後編〉第二巻　在日本朝鮮人連盟関係（二）』不二出版、二〇〇〇年、七頁参照。

[38] 前掲「第三章第四節　海を越えてきた女たち」、一一一頁。

[39] 「三多摩本部管内支部一覧表（一九四七年一〇月一四日現在）」（前掲『在日朝鮮人関係資料集成〈戦後編〉第二巻　在日本朝鮮人連盟関係（二）』、七頁）。

[40] 「八、朝鮮関係学校一覧表　2、初等学校一覧表」（前掲『在日朝鮮人関係資料集成〈戦後編〉第二巻　在日本朝鮮人連盟関係（二）』、三九頁）。

期に並存したとは考えにくい。しかし一方で確かに関前の飯場跡の写真には「関前朝鮮学……」と記された看板を確認することできる。一九六頁の写真の明確な撮影年月日は不明だが、「太極旗がかけられているところをみると、一九四七年〜八年の夏頃ではないかと推測できる。写真の左端で子どもをしっかりと抱いて座っている女性（김추자《キムチュジャ》さん　六九歳〔一九九八年当時：筆者〕）はここで自分たちの文字（朝鮮の文字：筆者）を学んだり、集会も行なったりしたと語っている」（『꽃수레』一〇頁。ルビは引用者）。

　ところでそれまでに各地にできていった「国語講習所」を初等学院として設立させることになった背景には、一九四六年二月二七、二八日に開催された朝連第二回臨時全国大会での決定があった[41]。ここでは初等学院を設立し民族教育に注力することが確認され、そのために教員養成機関の開設と学校運営を担う「学校管理組合」、「教材編纂委員会」の組織化などにも着手することが決められたのである。このような背景を確認した上で、再度、子どもたちが関前で学んでいたという証言を重ねあわせてみても、「関前朝鮮学校」が当時どのような役割を果たしていたのかを知るには情報が乏しい。

　他方で朝連の別の資料、すなわち一九四七年九月に開催された「第十一回中央委員会議事録」の中の「教育部活動報告」にも「関前朝鮮学院」の名前があることに今回初めて気がついた[42]。同資料によれば同学院は幹部養成を行うための「青年学院」の一つとして三多摩本部にあったとあるので、これは武蔵野町の関前にあったと考えて間違いないだろう。このように「関前朝鮮学校」に関する情報は断片的であり、それらをつなげるには今後も調査を進める必要がある。

女性たちも動き出していた。武蔵野、田無、保谷、小金井、小平、清瀬、東村山地域の在日朝鮮人の女性たち八〇名は一九四七年四月六日に朝連武蔵野支部[43]（関前分会：筆者）に集まり、在日本朝鮮婦女同盟の武蔵野分会を結成している（本章の扉写真参照）。初代委員長は李仙汝（一九〇九年生まれ）であった。彼女の夫は先に紹介した崔南容である。在日本朝鮮婦女同盟の事務所も学校と同じ関前の元飯場に置かれた[44]。

李仙汝とはどのような人物だったのだろう。彼女を「木村のおばさん」と呼んで慕った李美子は次のように語っている。「優しくて人情の厚い人で（中略）おばさんの家に遊びに行くと、

[41] 朴慶植『解放後在日朝鮮人運動史』三一書房、一九八九年、一三七頁、巻末年表。
[42] 「第十一回中央委員会議事録」（前掲『在日朝鮮人関係資料集成〈戦後編〉第二巻　在日本朝鮮人連盟関係（二）』、二〇七頁）。
[43] 朝連武蔵野支部の所在地は前掲「三多摩本部管内支部一覧表（一九四七年一〇月一四日現在）」によれば、「北多摩郡三鷹本町通り」であり、関前分会の所在地は「武蔵野町関前」の朝連武蔵野支部委員長・崔南容の自宅の敷地内にあったことになる。
[44] 前掲「第四章第四節　歩き出す在日の女性」、一五八頁。

いつも道路側に面した板敷きに腰掛けて、ご飯食べたかって聞くんです。いわしのスープをよく作ってくれたけど、必ず小麦粉を溶いて入れなさいよって教えてくれるの（後略）」。そんな李仙汝の家には人が集まり、集会や勉強会が開かれたとも李美子は語っている[45]。

解放直後の在日朝鮮人女性運動は、「朝連の一部署として女性を管轄する婦女部が設置されたことから本格的に始まった」[46]。その半年後、「婦女の啓蒙訓練と婦女解放の実質的促進が、朝鮮の完全独立に莫大な意義を持っている」[47]と女性解放を朝鮮の独立に向けた課題として位置づけた朝連は、第七回中央委員会で女性の単一団体として「在日本朝鮮婦女同盟（仮称）」（以下、婦同）を結成することを決定した[48]。

朝鮮人社会では儒教思想の強さは解放後も変わらずあり、封建的な習慣の中に女性たちは依然としてあった。しかし、そうした場所からの解放を目指した女性たちによる組織づくりが東京の荒川や大阪から広まっていく。こうした各地での自然発生的な取り組みとそこにある女性たちの思いに動かされた朝連が、前述のように一九四六年二月に婦女部の結成方針を決定し、これにより日本の各地域では女性たちによる組織づくりが進められていった[49]。こうして一九四六年十一月以降、全国各地の支部、分会が設置され、それらを集結する形で一九四七年一〇月に団体名を改称して約十一万人の女性たちを網羅した「在日本朝鮮民主女性同盟」（以下、女同）が結成されたのである[50]。

関前の婦同武蔵野分会での具体的な活動は夜学と朝連との協働であった。「夜学はハングル学習に力を入れ、読み書きのできない一世の女性にとっては識字学校であり、日本の学校に通っていた二世の女性たちにとっては、民族教育の場でもあった。そのほかに、朝鮮の歴史、文化、時事問題なども積極的に取り入れられた」[51]。

この女性たちのための夜学については姜萬先も振り返っている。彼女自身は当時の在日の女性としては珍しく女学校での教育を受けていた[52]。静岡県三島で生まれた彼女は解放後、家族とともに帰国しようと下関の港まで行ったが、朝鮮半島の政情不安や故国での暮らしの困難さ

[45] 前掲「第四章第四節　歩き出す在日の女性」、一六〇頁。
[46] 李玲実「解放直後の在日朝鮮人女性運動の生成と女性活動家――「在日本朝鮮民主女性同盟」結成過程を中心に」(『日韓相互認識（八）』「日韓相互認識」研究会、二〇一八年二月)、三二頁。
[47] 「朝連第七回中央委員会会議録」（朴慶植『在日朝鮮人関係資料集成〈戦後編〉第一巻　在日本朝鮮人連盟関係（一）』不二出版、二〇〇〇年、一八頁）。
[48] 前掲「解放直後の在日朝鮮人女性運動の生成と女性活動家」、三二頁。
[49] 前掲「第四章第四節　歩き出す在日の女性」、一五八頁。
[50] 前掲「解放直後の在日朝鮮人女性運動の生成と女性活動家」、三三頁。
[51] 前掲「第四章第四節　歩き出す在日の女性」、一五九頁。
[52] 同前、一五六頁。

などを理由に一度朝鮮半島へ帰った人びとが再び日本に戻る様子を見て、静岡へ帰ってしばらく様子を見ることにしたという経験を持つ[53]。その後、結婚して関前の集落に隣接する現在の西東京市に移ってきた姜萬先は夜学で学んでいた女性たちのことを次のように語った。

「重労働の一日を終え、食事の支度を整え、子どもを寝かしつけ」たあとに、「生活学校という夜学に集まって」この辺りに暮らした在日朝鮮人の女性たちはハングルを学んだ。その頃の朝鮮人社会では「女子に教育の必要はないと」され、「学校に行けない人」が多く「ハングルも読めな」かった。[54]

そのような状況のもとで、植民地支配からの解放後、日本において、武蔵野において、自分たちの言葉を学び始めた彼女たちのことを私は想像した。私にとって見知った日常の場で、かつてここを生活の拠点に懸命に働き仲間とともに自分たちの言葉を学んでいた彼女たちの思いとその光景を私は想像した。

婦同武蔵野分会では、夜学のほかにもう一つ重要な活動の柱があった。先に触れた朝連との協働である。とくに後方部隊としての役割は大きかった。当時、朝連で活動していた人びとはＧＨＱとの闘争や、右派・民族系など朝連とは異なる立場をとる新朝鮮建設同盟（建同）、朝鮮建国促進青年同盟（建青）との抗争に追われていた。そのような活動家への食事の準備などを婦同武蔵野分会の女性たちも担っていたのである。

梁さんによれば、「社会生活の経験のとぼしい在日女性にとっては、こうした活動も精一杯の彼女たちなりの関わり方であった」という。また彼女たちは朝連主催のデモや集会にも積極的に参加した。当時の写真には「民族教育の闘争や生活権保護などで武装警官ともみ合うような場面にも、子どもをおんぶしたねんねこ姿の女性たち、チョゴリ姿の女性たちが例外なく登場する」。これらの姿を見て梁さんは、「彼女たちの意気は高く、自負をもって参加していた」と述べている[55]。

「民族教育の闘争」とは何を指すのか。ここで振り返っておこう。一九四七年、教育基本法と学校教育法が制定された。その後日本政府はＧＨＱとともに朝鮮学校の認可申請と教育の適格審査を求め始める。一九四八年一月二四日には文部省学校教育長により「朝鮮人学校の取扱について」という通達が出された。「その内容は、①在日朝鮮人は日本の法令に服さねばならない、

[53]　前掲「第四章第四節　歩き出す在日の女性」、一六〇〜一六一頁。
[54]　前掲「仲間と助け合って」、二五七頁。
[55]　前掲「第四章第四節　歩き出す在日の女性」、一六〇頁。

②学齢児童は日本人同様市町村立・私立の小学校・中学校に就学させなければならない、③私立小学校・中学校は学校教育法により都道府県監督庁の認可を受けねばならない、④学齢児童・生徒の教育について各種学校の設置は認めない、⑤私立小学校・中学校には教育基本法第八条が適用され、教科書・教科内容については学校教育法が適用される、⑥朝鮮語等の教育を課外で行うことは差支えない、であった。（中略）つまり、学校教育法に従わない限り、都道府県の認可は得られない」ことを意味した。同月二六日には同省の適格審査室長が「朝鮮人教職員もこの適格審査を受けるべしとの通達を発した」。そして三月一日には学校教育長が「「教員二名以上、生徒二〇名以上」の教育施設は二カ月以内に「各種学校」の認可申請をする義務がある、申請しない場合は「認可を受けるまで、教育を行ってはならない」と通達した」。これを受けて、山口、東京、兵庫、岡山などでは朝鮮人児童の公立・私立学校への転入が始まり、「無認可の朝鮮学校の閉鎖、日本の学校から借用していた朝鮮人学校の明け渡しを求める学校閉鎖令が出された」[56]。

このような朝鮮学校を閉鎖に追い詰めようとする日本政府とGHQの動きに対して、朝連は強く抗議した。在日朝鮮人たちも各地で抗議の行動に出た。兵庫県では四月二四日に兵庫県庁に押しよせた朝鮮人たちが県知事に対して学校閉鎖命令の撤回を確約させている[57]。ここまで述べてきたように解放後の朝鮮人は植民地支配下において奪われていた自分たちの言葉と文化を取り戻すため、自分たちの力で学校建設に邁進した。その学校が今にも潰されようとするなかで彼ら彼女らはどのような思いで抗議の態度を示したのだろうか。

ところが、このような事態を見たGHQ第八軍は四月二四日のその日に「非常事態宣言」を発令する。GHQは戒厳令下で徹底的な取り締まりを遂行したのである。「非常事態宣言」が出されたのは占領下においてこのときだけであった。「第八軍がこれほどまでに強硬な措置を採ったのは、五月一〇日に予定されていた南朝鮮の総選挙と関連があった。（中略）四八年に入っての米国の朝鮮分断政策の帰結がこの選挙であった。しかし朝鮮では済州島四・三抗争を始め猛烈な反対闘争に直面していた。占領当局は、在日朝鮮人の民族教育擁護闘争を、選挙実施に反対する闘争と連動したものとみなした」[58]のである。神戸市全域に出された非常事態宣言下の状況は次のようなものであり、それは全国の朝鮮学校と在日朝鮮人に衝撃を与えた。

第八軍は四月二四日の兵庫県知事の閉鎖令撤回の直後、非常事態宣言を発令し、神戸市

［56］鄭栄桓『朝鮮独立への隘路　在日朝鮮人の解放五年史』法政大学出版局、二〇一三年、二〇〇〜二〇一頁。
［57］同前、二〇五頁。
［58］同前、二〇六頁。

全域に直接軍政を確立し（中略）この非常事態宣言下で警察とＭＰによる「朝鮮人狩り」が行われ、四日間のうちに検挙者一九七三名を数えるまでになった。また、大阪府庁前の教育擁護デモに警察が発砲し、金太一という朝鮮人青年が射殺された。[59]

その後、五月六日に文部省は都道府県知事にあてて「朝鮮人学校に関する問題について」を発した。この通達は、「設置基準に合致した朝鮮学校の私立学校としての認可、日本学校へ転学する朝鮮人への便宜供与、地方庁による朝鮮学校責任者の意見聴取などを定めた」ものだった。しかしそれは「あくまで教育基本法・学校教育法の枠内での「選択教科」「自由研究」「課外」としての朝鮮語・朝鮮史教育」であって、「日本学校在学の朝鮮人児童については「放課後又は休日」の朝鮮語教育などを許容したにすぎな」かった。「しかもこのうち「認可」を受けた学校は弾圧前に比べて四割弱にすぎず、日本学校の校舎を借用していた学校のほとんどは強制閉鎖されてしまった」[60]。

朝鮮学校へのこうした徹底した弾圧の翌年の一九四九年九月八日には、その年の四月四日に発布されていた団体等規正令を適用して吉田内閣は朝連を解散に追い込んだ。ＧＨＱだけではなく日本政府も共産主義勢力の日本への移入防止という観点から朝連の活動を注視していたのである。これに関連して翌月の一〇月には「朝鮮人学校に対する措置について」という通達のもとで全国の朝鮮学校は強制的に閉鎖された。これにともなって朝鮮学校は、自治体の判断や、朝鮮人側との交渉によって、「①自主学校のまま（四四校）、②公立学校または公立学校の分校など（三二校）、③近くの日本学校に民族学級を設けて朝鮮語などの民族科目を学べるようにしたケース（七七学級）、④夜間学校（二一カ所）」[61]というように様々な形に分かれつつも民族教育は続けられていった。

同じころ、武蔵野市にいた在日朝鮮人はどのような生活をしていたのだろう。金東坤は、「武蔵野では関前、北裏、千川《せんかわ》上水べり（ルビ：引用者）、東伏見の早大グランドに面した土手の上などに軒の低いバラックが連なり、ニコヨン[62]や土方、失対（失業対策事業：引用者）などで暮らしていた人が多かった」と述べている。続けて次のように語った。


［59］前掲『朝鮮独立への隘路』、二〇六頁。

［60］同前、二〇七頁。

［61］梶井陟『都立朝鮮人学校の日本人教師　一九五〇－一九五五』岩波書店、二〇一四年、三一三頁。

［62］日雇労働者の俗称。昭和二〇年代半ば、職業安定所からもらう定額が二四〇円（百円を「一個」として二個四）程度であったからという（『広辞苑　第六版』岩波書店、二〇〇八年）。なお、一九四八年の「うな重」がほぼ同額の二五〇円だった（週刊朝日編『戦後値段史年表』朝日新聞社、一九九五年、二二頁）。

「自分たちで建てたおもちゃみたいな家に住んで、みんな貧しかったね。朝鮮戦争が始まって日本は戦争特需にわき、まもなく戦前の水準まで経済状況が回復したけど、朝鮮人にはその余禄はなかった。企業に就職できるわけじゃないし、仕事といったら男は土方、女は闇米売ったり、ぼろ拾い、ドブロク作りかな。じめじめして日当たりが悪くて、水道もないところにかたまって住んでましたね」[63]

先に紹介した姜萬先も同様に「同胞たちの暮らしは厳しいものでした。企業の勤め人なんかいません。ほとんどが土木土建、仕切屋、古物商、日雇いなど。女性は家業の大半を担っていて、中には土木現場の飯場で三〇人からの人夫の炊事をしていた人もいました」と当時を振り返った。また、武蔵野市における「帰国事業」についても語っている。少し長いが引用したい。

「(前略) 武蔵野に住む多くの同胞も帰国しました。戦争が終わったばかりの祖国は楽ではありません。でも日本でバタ屋 (廃品回収) やニコヨン (日雇い) 生活をしているなら、同じ苦労をしても祖国で、という思いだったのでしょう。(中略) 長年暮らした日本と武蔵野市民へのせめてものお礼の気持ちを込めて、彼らは記念碑を残しました。それが旧武蔵野市役所 (今の市民文化会館) の前に建てられた記念碑です。

私の父も夫の親せきも帰国しました。父が帰国すると日本に私はたったひとり。私は正直言ってつらかった。けれど父は「帰るべきところに帰って死ぬだけ」と実に淡々としたものでした。姉夫婦は南へ、父が北へ帰って、私の一家は南と北と日本と、三つにわかれて暮らすことになりました。

こうして関前の集落からも同胞の数がどんどん減っていきました」[64]

前章で私は、武蔵野市における「帰国事業」の記念植樹の除幕式の場面において、送られる人びとと送る人びとの思いはどのようなものだったのか、そのことが気にかかると述べた。ここに引用した姜萬先は送られた人ではなくその家族であり、彼女とは違う思いを持って帰国する人を送った人もいたかもしれない。しかし、それでも、彼女がここで語っているのは解放後に葛藤せざるをえなかった在日朝鮮人の歴史の一つの重要な側面である。私はここにある言葉を初めて目にしたとき、そして今こうして記しているときも胸が締め付けられる。それは、一つに彼女の状況を私なりに受け止めたからだと言えるかもしれないが、同時にそのことによっ

[63] 前掲「第四章第四節 歩き出す在日の女性」、一六三頁。
[64] 前掲「仲間と助け合って」、二五七~二五八頁。

てそのような状況にした日本の政策や態度に対する怒りと、そのことをこれまで知らずに来たことへの自分に対する苛立ちと申し訳なさでいっぱいになったからでもあった。あえて言葉で示せばそのような思いであった。

痕跡との遭遇と他者を想像するということ

梁さんの書かれたものを通して戦前、戦後の武蔵野に生きた朝鮮人についてはじめて（ようやく、と言うべきだろう）知った私は、このことを「むさしの科学と戦争研究会」（以下、研究会）のメンバーに話した。ちょうどその年、二〇一五年は前章の冒頭で触れたように研究会の年間テーマが「朝鮮半島と日本」だったので、夏に開催するパネル展では「武蔵野と朝鮮人」という視点の報告パネルを自分たちで作ってみることにした。このときのパネル展では「韓国・朝鮮人ＢＣ級戦犯」が主軸に置かれたが、日本による朝鮮への植民地支配によって残された問題はそのほか多岐にわたっていた。そのことを多くの人たちと共有し、ともに考えたいと研究会では考えた。そのような考えのもとで一つの問題提起として自分たちの暮らす地域という視点を取り入れることにしたのである。梁さんの調査研究をもとにしながら研究会でも「武蔵野と朝鮮人」についての調査を行い、「中島飛行機武蔵製作所と朝鮮人」と「帰国事業」に関するパネルを作成した。

また、その年の十一月には梁さんのガイドによって中島飛行機武蔵製作所の周辺にあった朝鮮人の集住地区のフィールドワークを行い、併せて「中島飛行機と朝鮮人労働者」をテーマに梁さんのお話を聞いた。パネル展示についても、フィールドワーク、講演についても、参加した方々の感想の多くは武蔵野にかつていた朝鮮人のことは「知らないことばかりだった」というものだった。もう少し踏み込んだものには、朝鮮半島出身者が日本で労働していたことは知っていたが、そのことと中島飛行機武蔵製作所が結びついていなかった。しかし「考えてみれば当然ですよね」というような声や、「いつも自転車で走っている道なのに知らないことがたくさんあった。より深く知りたくなった」というように、日常の場所に刻まれた他者の痕跡に触れたことで、これまでの景色や記憶が揺さぶられたというような感想が見られた。

私は第三章の最後で「自分以外の、あるいは自分の生活圏から離れた人——他者——のことを想像するとはどういうことか（中略）想像することができないとはどういうことなのか」という問いを持つようになったと述べた。そして私自身がその問いに逡巡するなかで、梁さんとの出会いを契機に、地域に残された痕跡あるいは記憶が私のなかでクローズアップされていったプロセスをここまで述べてきた。

過去の出来事から継続して残された課題を考えるとき、想像力の欠如（「想像することができない」）がよく問題にされる。先に述べたように朝鮮への植民地支配によって残された問題は多岐にわたるが、それらの問題は今もなお解決も克服もされずに残されている。だから、その問題を本当に克服しようとするのであれば、現在目に見えている部分だけを見るのではなく過去にまで立ち戻ってその問題について捉えようとしなくてはならない。つまり過去の状況を現在の視点ではなく過去の視点で見る必要があるのであり、まさにここで想像力が必要となってくる。しかし、それがたやすいことでないことも繰り返し述べてきた。

しかし、一方でパネル展示やフィールドワークへの感想にあったように、時間的に隔たりのある過去の他者についてはその痕跡を通じて近しく感じることもある。私自身も梁さんを通じて姜萬先さんの記憶に接近した際に、すでに私の頭にあった事実の理解に変化が生じるという体験をした。それはある事実に自分の記憶が重なりあったことでその事実がよりリアリティを帯びたときと似た感覚だったと言えるかもしれない。このように他者の記憶が自分に引きつけられたのは、もちろん姜萬先さんの記憶の痕跡との遭遇があったことがまずあるが、併せて彼女の記憶の場所と私の暮らす場所とが重なっていたことが大きい。彼女と私は時間的には隔たりがあったが、空間的には重なり合っていた。その共通性によって私の想像力が後押しされたと言えるのではないか。フィールドワークに寄せられた感想にも先に示したようにその点を示唆するものがあった。このようなことから痕跡との遭遇についてあらためて考えてみると、それは想像力を容易に発動することのできない私たちにとっても、他者への想像を可能にしてくれる契機となるのだと実感することができる。

しかし、私にはそもそも他者を「想像するとはどういうことか」というもう一つの大きな問いが残されていた。このことを考えるために、私たちはどうして他者を「想像することができない」のかということにもう一度戻ってみたい。前章で私は「いま・ここ」にある視点だけで「帰国事業」について語られることへの違和感について述べたが、それは現在の視点から「わかったつもり」で語られることへの違和感であった。本来は他者というのは容易に「わかることなどできない」存在なのに、なぜ簡単に「わかったつもり」になるのだろうか。このようにして考えてみれば、他者を「想像する」というのは「わかったつもり」とは全く逆の立場にたって「わからないからわかりたい」という思いから始まるものだということが見えてくる。だから他者とは「わからない」存在であるという一見あたりまえのそのことをわきまえることが最も大切なことなのかもしれない。

今回、なぜ武蔵野に生きた朝鮮人の方について聞き書きをしようと思われたのかあらためてお聞きしたとき、梁さんは、「消えちゃうと悲しい」からと表現された。梁さんは民族学校には通わず日本人のお母様のもとで「日本人のようにして」暮らしてきた。小さな頃から在日朝鮮人であることがバレたらどうしようという思いを持ちながら、しかし同時にそのこと自体が理不尽だとも思っていたそうだ。朝鮮新報社の文化部の記者だったとき在日同胞の「おじいちゃん、おばあちゃん」を取材するなかで、苦しい状況のもとで生きてきた彼ら彼女らの姿を伝えていきたいと強く思われたこと、そして様々な葛藤ののちに「父親の人生を否定することはできない」と考えるようになったということ、記録に残さなければその人たちの生きてきたことや体験してきたことがなかったことになってしまう、それは嫌だから残していきたいと思った。そのように梁さんは語った。梁さんは日本人としても生きることはできた。しかし、朝鮮人として生きようと思ったのは、「父親が生きてきた、苦しんだであろう歴史に寄り添いたい」という思いがあったからだという。梁さんはこのとき、日々の暮らしにおいてさえ選択――最もあからさまなことで言えば国籍の選択だが、それだけでなくどちらの言葉をしゃべるのか、どういう人たちと関わるのかといったありとあらゆる選択――を強いられる状況がずっとあったのだと話された[65]。それこそが植民地支配というものの持つ暴力性でありそれに伴いもたらされる理不尽さであるのだなと私はあらためて感じた。支配から解放された後においてもなおそれは消えずに残されているのである。このように梁さんが置かれた状況や感じられてきた思いを私は本当には「わかる」ことはできないのかもしれない。それでも、「わかる」ことなどできないそのことをわかろうとすることを諦めたくないと私は思った。

近い将来、アジア太平洋戦争を知る人びとや植民地支配の記憶を持つ方たちがいなくなることが危惧されている。しかし、本書でアプローチしてきたように、語られた音声や記録、新聞などメディアに残された断片、それから街に残された碑や街並みなど痕跡はいたるところにある。それらは国家や国際社会の力学によって示される「大きな歴史」や繰り返し語られる歴史からは、こぼれ落ちた「小さな歴史」の痕跡である。そこから発せられる〝声〟は小さいかもしれない。しかしそうした過去の人びとの〝声〟は、「わからないからわかろうとする」、想像しようとするとき、様々な場所から様々な形で聞こえてくるだろう。その声を〝ただ聞く〟とき、「こうであってほしい」という構えなく聞くことができたとき、私たちにはこれまでとは違った過去が、歴史が見えてくるのではないだろうか。大きな力が過去の出来事をなかったことにしようと動くなかで、過去の人びとの対話を通じて私たちはそのような力に抗うことができるだろう。

[65] 二〇二一年五月一二日・七月六日のインタビューによる。

あとがき

あなたの研究テーマは何かと聞かれることがある。一言で伝えようとするとどのように説明したらよいかと考えてしまう。根底にあるのは「日本の戦後とは一体何だったのか?」という問題意識だが、その切り口には変遷がある。最初は、一九九〇年代に次々に提訴されたいわゆる「戦後補償裁判」と戦後日本の政治体制の関係の考察から始めたが、次第にそこで争われている問題の当事者の方たちのことを知りたいと思うようになった。とりわけ最も身近な朝鮮半島の人びとに関心を向けたことから、朝鮮半島と日本の関係の歴史的経緯をこの数年見つめてきている。

大学院に入学したばかりの頃、戦後の日本社会の朝鮮認識について研究したいと話す私に、「そのテーマだとあなた自身が辛くなるかもしれない」と心配してくださる方がいた。朝鮮半島の人びとを通じて戦後の日本を批判的に捉え返そうとすれば自分で自分を追及することにもなる。そのことを理解しているのかと問われたのだと思う。今思えば、そのときの私にはそこまでを見通した上での覚悟はなかったかもしれない。

アジアとの外交関係については過去を蒸し返すのではなく未来志向でと語られることがある。そこに強い違和感を持っていた私にとって、過去に向き合うことがその違和感への答え探しの道に感じられた。拙い調査を進めるうちに、私にとって過去は「あったことをなかったことにされたくない」という声と出会う場所となっていった。その声に耳を傾けなければ、過去から現在のプロセスを知らなければ、今や未来など開けないのではないか。そのように考えるようになっていたのである。

修士課程修了後、当初は博士課程への進学を考えていたが様々な理由で断念し、別の仕事を続けながら無所属で研究を続けてきた。そのような中で、本書執筆のお話をクレインの文弘樹さんからいただいたのは二〇二〇年の夏の終わりだった。思いがけないことだった。細々と調査と考察を重ね個人誌（『猫が星見た——歴史旅行』を二〇一六年から不定期に発行）に発表するというスタイルに数年前から落ち着いていたが、その個人誌を偶然に文さんが見つけてくださったことがそのきっかけであった。あらためて振り返ると、本書は二〇一二年に大学院に進学してから私が取り組んできた研究——問いと調査と考察、他者との出会いと葛藤——のプロセスの記録となっている。執筆の機会を下さった文さんに心から感謝申し上げる。

過去を知れば知るほどに自分のナイーブさに気づき辛くなる場面は確かに幾度もあったし、他者の記憶という繊細な領域に土足で踏み入るような後ろめたさは常にあった。それでも過去の体験を語ってくださる方との直接、間接の出会いがあり、その方の記憶を受けて自分自身の内で思いを巡らしたことはとても貴重な経験であった。本書では、当事者でない私が他者と出会い、そこで何を感じどのように思考したのかというプロセスを書き記すことを試みた。これが、過去の出来事や人びとの記憶をなかったことにしようと大きな力が動くなかで、過去の出来事と人びとの記憶を継承する一つのあり方だと考えたからである。

そのような思いにいたる上で梁裕河さんとの出会いは大きな出来事であった。女性史研究者である梁さんの研究を通じて自分の暮らす地域である武蔵野の在日朝鮮人の方々と「出会い」、残された痕跡と遭遇したことは、実感を持って他者との対話について思いを巡らす契機となったし、梁さんご自身からも非常に多くのことを学んだ。心から感謝したい。

この重要な出会いの場は「むさしの科学と戦争研究会」であった。研究会では忘却されがちな、とりわけアジア太平洋戦争に関わる過去を学んできた。またそのことを多くの人たちへ開いていく活動を続けてきた。ここでの活動からは大いに刺激を受けたし、同時に共同ではなく一人でやるべきことを見出すきっかけにもなった。

研究を始めることになった直接的な契機は社会運動に関わったことによる。研究と社会運動、両者の根底にある私の問題意識は同じだが、それを実践するにあたってはどのように区別するべきかあるいは区別せずに取り組むべきかということにこの一五年悩んできた。こうした思いを抱えたなかで様々な出会いがあり、そこから研究の課題も見出されてきた。本書の執筆の過程においても、梁裕河さんとのやり取りのなかで武蔵野の朝鮮人についてはあらためて調査と検討が必要な部分が見えてきた。事実の解明はもとより記憶を継承するということ、他者を想像するということについては今後も考え続けていきたい。

ここまで本当に多くの方にお世話になった。一五年前に社会人入学した慶應義塾大学法学部政治学科では添谷芳秀先生に論文指導をしていただいた。先生から学んだ国際政治の枠組み理解の重要性は大切な視点として常に意識している。

修士課程では明治学院大学大学院国際学研究科において秋月望先生にお世話になった。いつもきめ細やかなアドバイスをしてくださった。先生のゼミは私の研究の原点であり、先生とゼミ仲間からは今も学びつつ刺激をいただいている。同学ではほかにも多くの先生方から助言と励ましの言葉をいただいた。

本書では直接には触れなかったが、高校時代の友人で社会学研究者の嶋守さやかさんとこの数年「記憶の継承」の研究をともに進めてきたことは本書での考察に大きな影響を与えている。

また、本書が形にならない段階から、断片的な草稿を読みコメントをくださった方々にもお礼を申し上げたい。満洲移民の研究者である猪股祐介さんとのディスカッションからはいくつもの示唆を受けた。無所属で研究を進める上では方向性に迷うこともあるが、民衆史研究者である杉山弘さんからいただいた折々のアドバイスには何度となく励まされてきた。また本書の草稿にも的確なコメントをくださった。

ここにお名前をあげられなかった方々も含めて本当に多くの方に支えられてきた。資料を快く貸してくださった方、資料の収集の際に協力してくださった友人にもお礼を申し上げたい。

二〇二一年の夏、新型コロナウイルスが猛威をふるう中、東京２０２０オリンピックの開催は強行された。命が脅かされ、収束も見えず不安感に覆われ、生き方にも制限が課せられる状況で、人びとは何を思い、どう生きたか。現在進行形の「小さな歴史」を私は忘れたくない。

最後に、これまで励まし見守り続けてくれた家族と友人に感謝の気持ちを捧げたい。

二〇二一年八月一五日

五郎丸聖子

【著者紹介】

五郎丸 聖子（ごろうまる・きよこ）

東京都武蔵野市生まれ．

会社員を続けながら慶應義塾大学法学部政治学科（通信教育課程）へ学士入学し卒業．その後，明治学院大学大学院国際学研究科博士前期課程修了．現在はフリーランスで校正などの仕事をしながら研究を続けている．

主要論考に，「日韓会談への態度を通してみた日本社会党の朝鮮認識――党機関紙／誌の分析（1950－65）」『明治学院大学大学院国際学研究科紀要』第14号，「朝鮮戦争に対してなぜ日本人は「傍観者」でいられるのか」『季刊 社会運動』2019年10月号（436号），嶋守さやかとの共著「記憶の継承⑴――「『仕方がない』では済まない」という言葉が問いかけること」『桜花学園大学保育学部研究紀要』第18号，「記憶の継承⑵――直感・わたし・認識構造」『桜花学園大学保育学部研究紀要』第23号等がある．


朝鮮に関する認識や植民地支配の責任意識の表出を主題に，朝鮮半島との関係を通して戦後日本の歴史研究を行なっている．

朝鮮戦争と日本人 武蔵野と朝鮮人

2021年 10月 30日 第1刷発行

著 者◉五郎丸 聖子
発行者◉文 弘樹
発行所◉クレイン
〒180-0004
東京都武蔵野市吉祥寺本町 1-32-9-504
TEL 0422-28-7780
FAX 0422-28-7781
http://www.cranebook.net

印刷所◉エイチケイグラフィックス

ISBN978-4-906681-60-0

協 力◉渡辺康弘

戦後日韓関係〔新装新版〕

国交正常化交渉をめぐって

吉澤文寿著

なにが話し合われ、なにが決められたのか。日韓会談の歴史的事実に迫る。会談記録の公開に合わせての新版。今後の日韓関係を見通す上で最適の一冊。　三八五〇円

韓国政府の在日コリアン政策

包摂と排除のはざまで

閔　智焄著

李承晩政権期の韓国政府は在日コリアンをどのように認識し、いかに取り扱ったのか。未踏のテーマに韓国人若手研究者が挑む。在日コリアン研究の新機軸。　三五二〇円

なぜ朝鮮半島「核」危機は繰り返されてきたのか

崔　正勲著

米朝両国が相手の動機を誤認している。核戦争回避のためにはどうすればよいのか。米朝間の緊張形成の要因を精緻に分析し、その方法を提示する気鋭の論考。　三三〇〇円

（価格税込）